Un mot sur l'auteur

L'originalité des chroniques de Jean-Pierre Rogel dans le magazine Québec Science attire l'attention d'un public de plus en plus large et lui a valu deux fois le Prix de l'Association québécoise des magazines dans la catégorie chroniques et éditoriaux, en 2001 et 2004.

Écrit dans l'esprit de ses chroniques, ce livre prolonge la réflexion – et le plaisir de vulgariser – de ce passionné des sciences du vivant.

Après plus de 30 ans de journalisme au service de cinq médias et sur deux continents (Libération, le Jour, Québec Science, Radio-Québec, Télévision de Radio-Canada), l'auteur se dit «journaliste au long cours» à l'exemple de ses ancêtres marins au long cours.

À l'université, il a d'abord étudié les sciences, puis il a bifurqué vers les lettres, obtenant un diplôme de maîtrise d'anglais de l'Université Paris VII. Après quelques années de journalisme, il est revenu sur les bancs de l'université pour y étudier l'écologie.

C'est son quatrième livre.

L'hippopotame
du Saint-Laurent

DERNIÈRES NOUVELLES DE L'ÉVOLUTION

Catalogage avant publication de Bibliothèque et Archives nationales du Québec et Bibliothèque et Archives Canada

Rogel, Jean-Pierre, 1950-

L'hippopotame du Saint-Laurent: dernières nouvelles de l'évolution

Comprend des réf. bibliogr.

ISBN 978-2-89544-119-9

1. Évolution (Biologie). 2. Biodiversité. 3. Homme – Influence sur la nature. 4. Nature – Conservation. I. Titre.

QH366.2.R63 2007   576.8   C2007-941548-2

Jean-Pierre Rogel

L'hippopotame
du Saint-Laurent

DERNIÈRES NOUVELLES DE L'ÉVOLUTION

ÉDITIONS
MultiMondes

ISBN : 978-2-89544-119-9
Dépôt légal – Bibliothèque et Archives nationales du Québec, 2007
Dépôt légal – Bibliothèque et Archives Canada, 2007

ÉDITIONS MULTIMONDES
930, rue Pouliot
Québec (Québec) G1V 3N9
CANADA
Téléphone : 418 651-3885
Téléphone sans frais : 1 800 840-3029
Télécopie : 418 651-6822
Télécopie sans frais : 1 888 303-5931
multimondes@multim.com
http://www.multim.com

DISTRIBUTION AU CANADA
PROLOGUE INC.
1650, boul. Lionel-Bertrand
Boisbriand (Québec) J7H 1N7
CANADA
Téléphone :   450 434-0306
Tél. sans frais : 1 800 363-2864
Télécopie :   450 434-2627
Télec. sans frais : 1 800 361-8088
prologue@prologue.ca
http://www.prologue.ca

DISTRIBUTION EN FRANCE
LIBRAIRIE DU QUÉBEC
30, rue Gay-Lussac
75005 Paris
FRANCE
Téléphone :   01 43 54 49 02
Télécopie :   01 43 54 39 15
direction@librairieduquebec.fr
http://www.librairieduquebec.fr

DISTRIBUTION EN BELGIQUE
La SDL Caravelle S.A.
Rue du Pré aux Oies, 303
Bruxelles
BELGIQUE
Téléphone :   +32 2 240.93.00
Télécopie :   +32 2 216.35.98
Sarah.Olivier@SDLCaravelle.com
http://www.SDLCaravelle.com/

DISTRIBUTION EN SUISSE
SERVIDIS SA
chemin des chalets 7
CH-1279 Chavannes-de-Bogis
SUISSE
Téléphone :   (021) 803 26 26
Télécopie :   (021) 803 26 29
pgavillet@servidis.ch
http://www.servidis.ch

Les Éditions MultiMondes reconnaissent l'aide financière du gouvernement du Canada par l'entremise du Programme d'aide au développement de l'industrie de l'édition (PADIÉ) pour leurs activités d'édition. Elles remercient la Société de développement des entreprises culturelles du Québec (SODEC) pour son aide à l'édition et à la promotion.

Gouvernement du Québec – Programme de crédit d'impôt pour l'édition de livres– gestion SODEC.

100%

Imprimé avec de l'encre végétale sur du papier Rolland Enviro 100, contenant 100% de fibres recyclées postconsommation, certifié Éco-Logo, procédé sans chlore et fabriqué à partir d'énergie biogaz.

Table des matières

Introduction

Il y a presque 150 ans, en juin 1858, un naturaliste anglais réfugié dans sa campagne du Kent, Charles Darwin, reçut par la poste le manuscrit d'un jeune confrère, Alfred Russel Wallace, exposant ses idées sur la nature. Des idées tellement nouvelles et tellement semblables à celles que lui-même entretenait depuis plus de 20 ans – et qu'il s'apprêtait à publier – qu'il décida de s'associer à son jeune confrère dans une publication commune, sous les auspices de la Société Linnéenne. Cet événement marque le début d'une révolution en sciences. Un an plus tard, Charles Darwin publiait *L'origine des espèces*, dont le premier tirage fut vendu en un seul jour – heureux auteur! – et on peut dire sans exagérer que plus rien ne fut jamais pareil en biologie.

L'idée principale de Darwin et de Wallace, c'est-à-dire que les espèces évoluent, se succédant les unes aux autres, la majorité disparaissant au fil du temps profond, devait changer la manière dont nous voyons le monde. S'ils s'étaient contentés d'exposer cette théorie, à vrai dire déjà avancée par quelques prédécesseurs, ils n'auraient pas eu l'influence capitale qu'ils ont eue. Mais ils ont proposé un mécanisme expliquant l'évolution, soit la sélection naturelle, et ils ont démontré de manière convaincante son mode de fonctionnement. Le conflit avec les dogmes religieux de l'époque, qui prônaient que les espèces étaient fixes et immuables, était inévitable. Il eut lieu.

Aujourd'hui, alors que nous nous apprêtons à célébrer le 150e anniversaire de la publication de cette œuvre par une série d'expositions, de livres et de films, nous pouvons affirmer que, pour les scientifiques, la théorie de l'évolution par sélection naturelle ne fait plus aucun doute. Bien sûr, elle n'explique pas tout dans le détail, même si on s'en tient à des organismes très étudiés comme les souris, et à plus forte raison les humains. Mais c'est une théorie scientifique très solide, qui a fait ses preuves et qui tient la route, malgré les critiques répétées depuis plus d'un siècle. C'est le cadre indispensable pour expliquer le vivant. Comme le soulignait le généticien américain Theodosius Dobzhansky en 1973: «Rien n'a de sens en biologie, si ce n'est à la lumière de l'évolution».

En ce qui concerne le reste de la société, ce n'est pas aussi évident. Du point de vue du grand public, le succès de la théorie de l'évolution reste ambigu. Elle est souvent mal connue, mal comprise et confondue avec des simplifications grossières, comme celle du cliché de «la survie du plus apte». Elle est aussi et surtout contestée par la pensée religieuse fondamentaliste, qui trouve ces derniers temps un regain de popularité sous toutes les latitudes. De ce point de vue, si je me fie à ma boule de cristal, ce sujet restera d'une grande actualité au cours des années à venir et les créationnistes ou les néo-créationnistes du mouvement du «dessein intelligent» redoubleront leurs attaques contre l'évolution. Raison de plus, dira-t-on, pour en discuter publiquement et montrer toute la puissance et la subtilité de cette théorie.

* * *

Ce livre découle en partie de ce contexte. Il me semble utile de débattre aujourd'hui de ces idées fondamentales sur le vivant et de la coupure entre les scientifiques et le reste de la société. Car si la science est contestée publiquement, elle perd de sa crédibilité et de sa capacité, notamment auprès des décideurs publics, à régler des problèmes importants pour la planète – notamment le changement climatique et la perte massive de biodiversité. Non pas que tout puisse se régler par la science, loin de là, mais la science donne un éclairage que les croyances religieuses ou ésotériques ne peuvent remplacer sans que la planète ou l'espèce humaine courre de grands risques.

Ce livre découle aussi du désir de montrer, à travers des exemples concrets, comment la science de l'évolution s'est raffinée en 150 ans. Aujourd'hui, après avoir intégré les connaissances modernes de la génétique et de la biologie moléculaire, elle est plus puissante et plus solide que jamais. Il y a Darwin, bien sûr... mais aussi et surtout la suite, qui est importante et passionnante.

De ce point de vue, j'ai choisi une approche journalistique, qui consiste à attirer l'attention sur les éléments les plus neufs. En vedette, si je puis dire, on trouvera donc dans ce livre l'approche «évo-dévo», contraction utilisée par les spécialistes pour évolution et développement. Il s'agit d'une manière nouvelle, apparue depuis une quinzaine d'années, d'aborder l'évolution en s'appuyant sur les connaissances les plus récentes en biologie du développement embryonnaire et en génomique comparée. L'expression «évo-dévo» semble certes relever d'un jargon d'experts et intimidera le lecteur non initié comme elle m'a intimidé lorsque je l'ai rencontrée dans mon travail de journaliste. Mais je soumets qu'elle permet un regard profond et neuf sur le vivant, dont on entendra parler de plus en plus.

* * *

Pour traiter de ce thème, j'ai suivi une forme un peu éclatée, qui consiste essentiellement à présenter les thèmes et les réalisations de l'évo-dévo à travers des «histoires de cas» exemplaires. Le plus souvent, une anecdote ou une situation particulière sert d'amorce pour ouvrir une discussion sur une question de portée plus générale, dans ce cas, une perspective nouvelle ouverte par la biologie moderne. En ce sens, les chapitres sont des essais relativement indépendants, un peu à la manière de Stephen Jay Gould en qui je reconnais un grand maître. S'il le désire, le lecteur pourra donc aborder la lecture sans nécessairement suivre l'ordre des chapitres (en se référant au besoin au glossaire en fin d'ouvrage pour les mots ou les concepts nouveaux).

Il reste que le livre est construit dans une continuité de propos, autour de trois parties en progression ordonnée. Au cours de la première, je propose d'abord, à partir de l'exemple simple, familier à la plupart des Québécois, d'un boisé du sud du Québec, de revoir ce que Darwin nous a appris et le confronter à ce que la science moderne nous dit. Nous verrons ensuite ce que l'analyse de l'ADN apporte de neuf à la vieille notion intuitive (mais aussi fondée, nous dit Darwin, sur l'observation scientifique) d'un arbre de vie regroupant toutes les espèces. Nous raconterons ensuite comment ces connaissances s'appliquent aux inventaires de biodiversité (chapitre 3) et à la révision de parenté d'un mammifère marin bien connu, quoique probablement pas sous l'angle de l'évolution (chapitre 4). Dans la seconde partie, nous abordons de front la révolution actuelle de l'évo-dévo. Nous évoquons d'abord les récentes découvertes sur les gènes architectes qui gouvernent la construction des animaux (chapitre 5). Puis nous nous tournons vers deux applications : la fabrication de pattes à partir de nageoires (chapitre 6) et celle d'un drôle de pouce au panda (chapitre 7). Nous abordons ensuite une question qu'on pourrait qualifier de *superhot*, soit la troublante proximité génétique entre l'homme et le chimpanzé. Enfin, la troisième partie aborde la manière dont l'homme pèse sur les mécanismes de l'évolution. Au point où on assiste à des changements évolutifs rapides – les chercheurs utilisent l'expression paradoxale d'«évolution contemporaine». Nous en donnerons des exemples, ainsi que des exemples de conservation d'espèces, puisque si l'homme est capable de nuire à des espèces animales ou végétales, il peut aussi aider à leur conservation s'il le désire.

* * *

J'ai écrit ce livre en pensant à tous ceux et celles qui fréquentent la nature, un coin de nature près de chez eux, au moins dans leur temps de loisir. Une nature recomposée, entendons-nous, comme celle du sud du Québec que je décris, plutôt qu'une nature vierge, qui n'existe plus. Quoi qu'il en soit, des milieux riches en vie animale et végétale, qui nous tiennent à cœur et que nous aimerions bien conserver. Or, on ne protège bien que ce qu'on connaît bien. À un premier niveau, on peut voir ce livre comme une invitation à regarder la nature autour de soi d'un autre œil, ici et maintenant, à la ville et à la campagne.

Au second niveau, mon intention est certes d'amener le lecteur à la science elle-même, à lui montrer la force de sa démarche, sur un sujet qui ne peut manquer de l'interpeller sur un plan fondamental. Car il n'est pas banal de pouvoir expliquer comment les formes du vivant se construisent, quelle est la source de la biodiversité et ce qui distingue de l'homme des primates. En toile de fond, il est clair que cela nous touche dans notre intimité. Tous différents, mais tous cousins... L'idée de l'unité du vivant, que de la bactérie à l'homme, du saumon au bouleau, tous les organismes vivants partagent le même code génétique est finalement assez renversante. Et puis, comme le souligne Gould: «bien entendu, il y a tous ces organismes: plus d'un million d'espèces décrites, de la bactérie à la baleine bleue, avec une foultitude de bestioles entre les deux – chacune avec sa beauté propre, et chacune avec une histoire à raconter».

On lira dans les pages qui suivent quelques-unes de ces histoires. Elles puisent leur matière dans des recherches récentes, parfois très pointues, mais que j'ai tenté de débarrasser du jargon des spécialistes. Par ce livre, en définitive, j'ai voulu proposer à l'appréciation d'un public le plus large possible une dimension essentielle que la science contemporaine apporte, quelque chose dont chacun de nous, me semble-t-il, peut tirer parti: une appréciation de la trame de fond du vivant.

PREMIÈRE PARTIE

Unis par un fil invisible

1. Le «mystère des mystères» vu du chalet

Un cri prolongé retentit alors que nous descendons le sentier sous les pins, les bras chargés de victuailles. Une sorte de «tchirr-t-t-t...» aigu et insistant, extrêmement fort pour la boule de poils de 200 grammes qui vient de le lancer, perchée sur une branche de pin. C'est vendredi soir, nous arrivons au chalet et Oscar l'écureuil roux vient de se manifester, bruyamment comme à son habitude.

Il faut comprendre Oscar. Il est chez lui dans ce coin de forêt du sud du Québec: nous le dérangeons. Tout au long du week-end, il le fera sentir en poussant son cri et en multipliant les courses effrénées dans la gouttière sur le devant du chalet ou sur le rebord du toit en métal. C'est la fin du mois de mai, le temps est magnifique, il fait beau et chaud. Nous prendrons tous nos repas dehors sur le grand balcon, mais Oscar s'en moquera royalement. Il passera sur le bord du toit à un mètre au-dessus de nos têtes dans un furieux galop de ses petites pattes. Puis, d'un bond il sautera dans le thuya à l'angle du chalet et poursuivra sur ses autoroutes à lui, un lacis de troncs et de branches d'arbres.

Ainsi va la vie au pied du mont Éléphant. C'est une modeste colline des Cantons-de-l'Est, dans le sud du Québec, culminant officiellement à 525 mètres, une simple butte sur la rive ouest du lac Memphrémagog, à une centaine de kilomètres de Montréal. Sa modestie lui interdit de revendiquer l'orthographe topographique officielle de «Mont-Éléphant» et je le désignerai donc de manière plus traditionnelle, sous l'orthographe «mont Éléphant».

Bien qu'il soit couvert de belles forêts, ce n'est pas un lieu de randonnée; aucun sentier digne de ce nom n'en fait même le tour ou l'ascension. Pour nous, c'est un voisin sympathique et un point de référence, car il se dresse à l'horizon, face à notre chalet situé au bord d'un lac. Le matin, nous scrutons le pachyderme. Le mont Éléphant est dans les nuages? Hum! Mauvais signe, le temps va se couvrir. La tête de l'éléphant et son tronc allongé vers la droite se découpent distinctement sur un fond bleu? C'est de bon augure, le vent vient du sud-ouest. Pour le reste, nous sommes plutôt centrés sur ce qui se passe immédiatement alentour. Le lac n'est pas grand, mais il est établi au milieu d'une forêt de feuillus et de conifères qui, chose surprenante, est à peu près dans l'état où elle se trouvait lors de la construction des premiers chalets à la fin des années 1960. Les rives sont encore très boisées, protégées par les règlements de l'association des propriétaires; les bateaux à moteurs sont interdits. Chacun vit dans son écrin de verdure. Seul le bord de l'eau est parfois bruyant, certains ne sachant pas encore que les voix portent facilement d'une rive à l'autre. L'été, pédalos, kayaks et canots sillonnent le lac. La vie s'écoule lentement.

C'est si simple et si étonnant à la fois. Nous avons acquis ce chalet il y a quelques années et j'avoue avoir été séduit par le cadre naturel au-delà de toute attente. Quoi de plus banal pourtant que ce morceau de forêt qui porte la marque des transformations humaines? Ce n'est même pas une forêt ancienne, ce n'est qu'un boisé en reconstruction, qui a certainement été exploité depuis la colonisation.

L'inventaire écologique est vite fait: un petit lac allongé et peu profond en tête de bassin versant, un mélange de conifères et de feuillus sur les rives, le parterre habituel de plantes de sous-bois, quelques mammifères çà et là (des renards, des cerfs de Virginie, mais surtout des écureuils et petits rongeurs), des oiseaux, une multitude de petits invertébrés, un humus assez épais, le cycle des saisons à travers tout cela. Voilà qui est simple et remarquable à la fois... Un morceau de vivant, éclatant dans son unité, éclatant dans sa diversité. On saisit assez bien, ne serait-ce qu'intuitivement, comment ces organismes sont reliés entre eux et dépendent du milieu dans lequel ils vivent – un milieu que la présence humaine perturbe manifestement. Mais, au-delà de ce premier niveau, pourquoi et comment tous ces organismes se retrouvent-ils ici? Qu'est-ce qui les fait changer, se renouveler, disparaître ? Selon l'expression du philosophe anglais John Herschel, c'est «le mystère des mystères» à portée de la main ; le mystère vu du chalet.

* * *

Aujourd'hui, *Tamiasciurus hudsonicus,* alias Oscar en ce qui nous concerne, est encore plus excité que d'habitude. Il s'arrête dans le grand cèdre, la tête tournée vers le lac, la queue en pleine agitation et caquetant comme une pie. Nous avons appris à nos dépens à nous méfier de cet hypocrite. Il a beau courir toute la journée après des graines, il nous a déjà volé des *chips* et des tortillas. Il devrait pourtant se contenter de ce qu'il a, un habitat de conifères idéal pour lui. Il y a de gigantesques pins blancs, qui culminent à près de 40 mètres, des thuyas occidentaux (appelés ici cèdres), des sapins baumiers, des pruches, et au travers, des hêtres, des érables et des bouleaux. Cet amateur de graines a de quoi se mettre sous la dent. Il est fascinant de le voir manger les cônes de pin, sa nourriture préférée. À l'automne, il peut s'arrêter tout à coup de faire tomber des cônes ou de les enfouir dans une multitude de cachettes, pour se mettre à en dévorer un juste devant nous. En moins de dix secondes, il décortique ces cônes gluants de gomme comme de vulgaires épis de maïs. Quel estomac! Mais j'ai aussi vu cet opportuniste manger des bourgeons, des fleurs et des champignons.

La nuit est calme, les feuilles des arbres bruissent à peine, mais vers quatre heures et demie du matin, un petit peuple d'oiseaux se manifeste. À moitié réveillé, j'arrive à distinguer cinq types de chants différents, mais cela ne va pas plus loin. Je ne sais pas identifier les oiseaux à l'oreille et, pour tout dire, je ne suis pas capable non plus d'en identifier beaucoup lorsque je les vois.

Je sais que nous avons des mésanges à tête noire – qui passent l'année avec nous –, des geais bleus et des merles d'Amérique, et en ce moment, d'autres espèces de mésanges et des parulines – des migrateurs saisonniers, ceux-là: j'en ai aperçu qui étaient partiellement jaunes l'autre jour. Mes connaissances s'arrêtent là. Ah, non! Il y a un oiseau qui me plaît bien et dont je peux parler un peu: le pic chevelu. Un résident à l'année longue, celui-là... Nous l'entendons souvent tambouriner sur un gros arbre mort derrière la maison. Gardien vigilant, il écume les arbres morts et empêche ainsi que les fourmis et autres insectes n'envahissent les arbres sains des alentours. Si on s'approche lentement, il ne s'enfuit pas. Je l'ai donc vu de près plusieurs fois; c'est un mâle, reconnaissable à sa tache rouge derrière la tête. Avec son ventre blanc et ses ailes noires striées de taches blanches, il a l'air d'avoir un costume de comédien ou de chanteur d'opéra, bien que dans son cas, l'image ne soit pas juste puisqu'il ne chante pas. Ses pattes terminées par des griffes acérées me fascinent. Les doigts sont modifiés pour une meilleure prise – deux vers l'avant et deux vers l'arrière – et la queue sert de point d'appui. Solidement enfoncées dans l'écorce, ses pattes lui permettent de se maintenir sur un tronc d'arbre à la verticale et de le frapper de son bec puissant, tellement vite que, d'où je suis, sa tête devient floue. (J'ai lu quelque part que son crâne était particulièrement bien adapté à cette tâche bizarre, ce qui lui permet de frapper le bois plus de 100 coups par minute. Non seulement son crâne est-il très épais, mais il est actionné par des muscles puissants. Par ailleurs, le bec et les os ne sont pas soudés comme chez les autres oiseaux, mais ils sont reliés par un tissu conjonctif spongieux, qui sert d'amortisseur aux chocs.)

Nous sommes aussi très fiers de *nos* huards. Il y a bien entendu quelque chose d'entièrement faux dans cet adjectif possessif, mais il est vrai que notre lac reçoit parfois la visite d'un couple de plongeons huards. J'aime ce gros oiseau piscivore au magnifique plumage à damiers noirs et blancs. Depuis 1987, sa silhouette orne la pièce d'un dollar canadien, qu'on appelle d'ailleurs «le huard» dans les milieux financiers. Le matin ou le soir, nous pouvons parfois entendre son cri, un trémolo poignant qui est devenu le symbole de la beauté des grands plans d'eau naturels. Le nôtre, notre plan d'eau, est fort modeste et nos huards n'y nichent pas, ils viennent seulement s'y alimenter à l'occasion. Mais lorsque nous les apercevons, nous saisissons les jumelles, aussi excités que des cambistes sur le plancher de la bourse. Ils sont souvent deux, un couple, à la surface près du centre du lac, pêchant tranquillement. Ils nagent en position semi-émergée pendant une ou deux minutes et ils plongent brusquement. Puis ils surgissent plus loin, dans n'importe quelle direction par rapport à leur point de départ, si bien qu'ils s'éloignent souvent l'un de l'autre, mais ils finissent toujours par se rejoindre au bout de quelques plongées.

Nous arrivons à bien les distinguer. La tête et le cou sont noirs, avec de courtes lignes verticales qui dessinent un collier blanc. C'est d'ailleurs de là que vient le nom de huard *à collier*. Le dos est un damier blanc et noir, qui forme un plumage magnifique. Quand il s'envole, il court sur l'eau et sa poitrine blanche semble se gonfler alors qu'il bat des ailes de manière répétitive. Son envergure est impressionnante : environ 1,30 m. Le décollage est lourd, si bien que de ma fenêtre, il me fait penser à un bombardier qui fonce sur une piste à peine suffisante pour décoller. En fait, l'image d'un hydravion serait plus appropriée, mais elle ne vaut pas mieux, car elle ne rend pas grâce à l'aisance toute animale de ce long battement d'ailes.

Et puis, il y a ses fameux cris. Devrais-je dire son chant? Le plongeon – donnons-lui cette fois son autre nom vernaculaire... – possède un répertoire vocal varié. En vol, il peut émettre un *kwouk* bref, qui ressemble à un aboiement. À faible distance les uns des autres, les adultes vont aussi émettre de petits ululements. Mais les appels de huards qui marquent quand on les entend un soir d'été, ce sont des cris plus forts. Il y a celui formé des trois notes que j'ai décrites. On distingue aussi un hurlement plaintif qui ressemble à celui d'un loup. Enfin, il y a un cri long et aigu, qui fait un peu penser à un rire hystérique. C'est surtout pendant la période de reproduction, qu'il pousse tous ces cris. Quiconque les entend le soir, la nuit, ou tôt le matin sur un lac ne peut qu'être frappé de l'impression de mélancolie profonde qui se dégage de ces appels.

* * *

Je me rendors et je me lève vers 8 heures du matin. Le soleil émerge déjà par-dessus les arbres de l'autre côté du lac. Je fais quelques pas dans la forêt, sur un petit sentier que nous avons dégagé, admirant les plantes du sous-bois, qui sont resplendissantes à cette période de l'année. Et puis, soudainement, une ondée... Une pluie fine, qui semble venue de nulle part, alors que le soleil est toujours là.

L'air se charge instantanément d'odeurs de feuilles mouillées et je vois une fine couche qui se dépose sur notre balcon. C'est un mélange de pollen et de graines entourées qui vient des grands pins alentour. La pluie a rabattu ces particules, qui sont autant de promesses de nouvelle vie, car elles contiennent de l'ADN, de l'acide désoxyribonucléique. Il pleut de l'ADN, littéralement... il tombe du ciel des instructions pour faire la vie. Une pluie d'informations vivantes et millénaires...

Je lève la tête vers les pins blancs, les joyaux de notre petit territoire. J'ai calculé qu'ils ont environ 35 m de haut et environ 120 ans. Ces arbres ont des cônes, qui jouent le rôle des fleurs traditionnelles, et ces temps-ci le pollen, leur semence mâle, est relâché dans les airs. La saison étant trop avancée pour que ce soit le pollen des arbres à fleurs alentour, ce qui a atterri sur mon balcon doit être du pollen des pins. Relâché à la base des branches hautes des pins, juste en dessous des cônes femelles en formation, le pollen flotte dans les airs. Ensuite, c'est l'aventure : il est transporté au gré des vents. Il paraît que certains soirs, dans les forêts autrichiennes, l'intense production de pollen génère des mini-nuages visibles à l'œil nu. Ici, je n'ai jamais rien vu de tel, il y a trop peu de pins. Il me semble que seule la pluie soudaine a permis de voir aujourd'hui cette production printanière.

Jusqu'où se répand ce pollen normalement? J'espère bien qu'il va jusqu'à un autre bosquet de pins blancs, au moins à ceux qui parsèment le pourtour du lac, pour se déposer et féconder éventuellement les ovules des cônes femelles. Car cet être vivant dépend tout autant que nous d'une reproduction sexuée pour avoir des descendants et transmettre le fil de vie. Il lui faut des partenaires de la même espèce, différents de lui-même : l'autofécondation n'est pas une option viable pour cet arbre.

Cela constitue un des mystères de la vie, celui de la reproduction. Il est toujours fascinant de l'observer car il nous relie à quelque chose d'intime en nous. Le repérer dans des plantes ou des insectes demande un peu d'entraînement, mais à ceux qui ont la patience de le faire, il devient aussi évident que dans les animaux qui nous ressemblent. Il semble d'ailleurs que nous, les humains, ayons un comportement universel: nous tombons en arrêt, et nous sommes généralement émus devant les petits de nos animaux domestiques ou d'élevage. Dans la nature, la vue de n'importe quel mammifère femelle protégeant ses petits nous touche aussi. Ce mystère de la succession des individus à l'intérieur d'une même espèce était pratiquement résolu au début du 19e siècle, avant que naisse Charles Darwin.

* * *

Au 19e siècle, les naturalistes avaient décrit différentes formes de reproduction parmi les plantes et les animaux. Explorant les continents au fur et à mesure de leur découverte, ils avaient procédé à un minutieux inventaire du vivant. En 1735, le Suédois Carl von Linneus, dit Linné, avait élaboré un système universel de classification par classes, ordres, familles, genres et espèces, qui faisait autorité. L'espèce représentait l'ensemble des individus qui se croisent facilement entre eux dans des conditions naturelles, mais pas avec d'autres organismes.

Cependant, les naturalistes continuaient d'ignorer l'essentiel: comment les espèces sont-elles apparues? Sont-elles immuables, ou bien changent-elles dans le temps et pourquoi? Quelle est la place de l'homme dans tout cela? Toutes les cultures, à toutes les époques, ont eu des histoires sur l'origine des espèces, mais au début du 19e siècle, la science, entreprise encore jeune, n'avait pas réponse à ces questions.

Longtemps, les conceptions anciennes avaient régné et elles obscurcissaient encore le débat. Tout d'abord, le fixisme, venu des Grecs, qui défendaient l'idée que le monde était immuable et constitué d'«essences». Puis, avec l'émergence des grandes religions chrétienne, juive et musulmane, le créationnisme s'était imposé. Dans cette perspective, la vie a été créée par un Dieu à partir de rien et de façon immédiatement complète. L'humanité est alors vue comme un co-créateur, ou bien comme étant l'aboutissement d'un processus créatif. Au Moyen Âge, certains penseurs ont modulé le créationnisme en tentant de faire appel à la thèse de la génération spontanée. Il a fallu plusieurs siècles pour que cette conception soit réfutée.

Ce n'est qu'au tout début du 18e siècle que l'idée d'évolution, c'est-à-dire d'un lien entre les différentes formes du vivant par voie de descendance, a commencé à faire des adeptes. En 1809, Jean-Baptiste de Monet, chevalier de Lamarck, publie sa *Philosophie zoologique*, un ouvrage marquant. Il affirme que toutes les espèces sont parentes et dérivent les unes des autres, la majorité ayant disparu. Selon lui, les êtres vivants se transforment progressivement, sous l'impulsion d'une «force vitale» qui tend à les rendre toujours plus complexes. On a qualifié ce modèle de transformisme. Pour le justifier, Lamarck formule deux lois : celle de la «modification des organes par la modification des besoins» (avec son fameux exemple du cou des girafes qui se serait allongé pour brouter les feuilles des arbres) et celle de «l'hérédité des caractères acquis». Et sur ces deux points, il se trompe, il a même tout faux. Mais il faudra attendre la publication de *L'origine des espèces* par Darwin, 50 ans plus tard, pour le prouver et rectifier le tir.

* * *

Lorsqu'il embarque comme naturaliste à bord du *Beagle* pour un tour du monde qui le conduira en Amérique du Sud et jusqu'en Australie, Charles Darwin a 22 ans. Cet Anglais réservé, issu d'une bonne famille, est d'esprit plutôt conservateur et il est sans aucun doute créationniste dans sa conception du monde. Lorsqu'il remet le pied en Angleterre cinq ans plus tard, il a changé d'opinion, l'idée de l'évolution s'est imposée à son esprit. Selon les historiens, le tournant se situe lors des premières années suivant son retour et dès lors, il médite sur ce qu'il appelle «ma théorie». Angoissé à l'idée du débat qu'elle va susciter, mais surtout conscient de la nécessité de prouver hors de tout doute sa thèse, il attendra 20 ans avant de la publier. Mais la lecture de ses carnets ne laisse pas de doute. En mars 1838, par exemple, il commente la publication d'une lettre de Herschel à Lyell et s'exclame : «Herschel qualifie l'apparition de nouvelles espèces de «mystère des mystères» et consacre une partie de son texte à cette question. Hourra!». Il se réjouit, car il possède la réponse. Il sait qu'elle va étonner et choquer ses contemporains, tout en constituant une contribution scientifique majeure.

Lorsque *L'origine des espèces* paraît enfin, en 1859, la réponse est limpide et détaillée. Un paragraphe de l'introduction la résume d'emblée. De mesquins esprits pourraient dire que c'est l'unique idée scientifique de Darwin, mais c'est une idée de génie :

> Nous considérerons la lutte pour l'existence parmi les êtres organisés dans le monde entier, lutte qui doit inévitablement découler de la progression géométrique de leur augmentation en nombre. C'est la doctrine de Malthus appliquée à tout le règne animal et à tout le règne végétal. Comme il naît beaucoup plus d'individus de chaque espèce qu'il n'en peut survivre ; comme, en conséquence, la lutte pour l'existence se renouvelle à chaque instant, il s'ensuit que tout être qui varie quelque peu que ce soit de façon qui lui est profitable a une plus grande chance de survivre ; cet être est ainsi l'objet d'une *sélection naturelle*[1].

Ainsi Darwin propose-t-il une vision résolument évolutionniste du vivant (bien qu'il emploie peu le mot évolution, lui préférant «descendance avec modification»). Mais, surtout, preuves à l'appui, il propose un mécanisme qui explique ce que l'on observe, et c'est la sélection naturelle.

Pour le reste, la démonstration de Darwin dans *L'origine* est très solide, même si, sur certains points, il commet des erreurs d'interprétation, faute de connaissances – ce qui se comprend dans le contexte de l'époque. Il a prévu les principales objections à sa thèse, il y répond méthodiquement. Dans son exposé, il se sert habilement de réalités connues de ses contemporains, notamment l'élevage des races domestiques. Au point d'ailleurs où il parle finalement assez peu de ses observations sur les îles Galapagos, pourtant décisives pour lui. Il préfère prendre son point de départ dans un univers qu'il connaît comme le fond de sa poche, l'élevage des pigeons. En quatre chapitres, il progresse de la sélection artificielle à son concept clé, la sélection naturelle.

Frappé par la très grande diversité des races de pigeons artificiellement mises au point par les éleveurs, Darwin fait valoir qu'un naturaliste les observant en milieu naturel les aurait classées comme des espèces différentes. Il se demande comment les éleveurs ont obtenu autant de diversité et fait ressortir le mécanisme de la

---

1. Charles Darwin, *L'origine des espèces*, p. 48.

sélection. À l'origine, le sélectionneur choisit les pigeons qui lui conviennent le mieux – ceux qui ont un plumage plus coloré, par exemple... – et il fait se reproduire ensemble ces individus. Au bout d'un certain nombre de générations, il obtient des pigeons qui n'ont plus grand-chose à voir avec la souche sauvage du départ. Darwin démontre que le même phénomène opère dans la nature, mais sans but, au hasard, sans considération de progrès. La sélection naturelle agit en aveugle, de manière contingente.

Dans toutes les espèces, démontre Darwin en reprenant son thème principal, tout individu a normalement beaucoup de descendants, trop pour que tous puissent survivre et atteindre l'âge de reproduction. La nature opère un tri dès la naissance : seuls les mieux adaptés aux exigences du milieu survivent, les autres périssent. Génération après génération, par le simple jeu aveugle de la sélection naturelle, l'adaptation d'une population change, les divergences entre les populations s'accumulent. On peut alors voir émerger de nouvelles espèces. Le plus souvent, c'est à la suite d'un isolement géographique ou un changement dans les conditions environnementales, mais peu importe. Le point central est que ces phénomènes aboutissent à la formation de deux populations distinctes, formées d'individus qui ne sont plus interféconds. Ainsi se forme la diversification des espèces dans le vivant, au fil du «temps profond», c'est-à-dire au long des âges géologiques successifs.

* * *

Toutefois, Darwin s'était buté à la question de l'hérédité des caractères. Ce qu'il ignorait, le moine Gregor Johann Mendel l'avait découvert et même publié en 1866 dans son coin perdu de Moravie, mais il semble bien que Darwin n'ait pas eu connaissance de la première publication de ces travaux – tout comme la grande majorité des scientifiques de l'époque, d'ailleurs. Dans sa fameuse étude sur l'hérédité des pois, Mendel montre que l'hérédité dépend d'éléments matériels transportés par les gamètes lors de la fécondation, d'éléments (des gènes, dira-t-on plus tard) qui se répartissent dans la descendance en obéissant à des lois statistiques. Lorsque les travaux de Mendel furent enfin «re-découverts» et diffusés, vers 1907, Thomas Hunt Morgan enchaîna quelques années plus tard en élaborant la théorie chromosomique de l'hérédité. Travaillant sur la mouche drosophile, il montra que les gènes, déterminants des caractères héréditaires, sont portés par les chromosomes du noyau cellulaire et que chaque individu ne reçoit que la moitié des gènes de ses parents.

Ce fut le point de départ d'une discipline nouvelle, la génétique des populations, souvent entourée d'outils mathématiques intimidants. Cela n'invalidait pas le «darwinisme», mais le complétait, au point où il était justifié de parler de néo-darwinisme. Puis, dans les années 1930, une synthèse des nouvelles connaissances commença à émerger. Des gens comme Ronald Fisher démontrèrent que la sélection naturelle favorise d'autant plus le maintien de certains allèles (les différentes formes sous lesquelles existe un gène) dans une population qu'ils procurent un avantage plus important. On était sur la voie d'une nouvelle compréhension globale. On la doit essentiellement au paléontologue George Simpson, au biologiste Ernest Mayr et au généticien Theodosius Dobzhansky; de leurs écrits émergea ce qu'on nomma précisément la «théorie synthétique de l'évolution». Au tournant des années 1950 et 1960, la découverte par Crick et Watson de la structure en double hélice de l'ADN puis du code génétique ne firent que se greffer à cet ensemble déjà très solide.

Mais trêve d'histoire des idées, l'important est de saisir que la théorie dite *synthétique* de l'évolution a complété et enrichi le darwinisme. Les chercheurs se sont mis à exprimer les réalités à un autre niveau. Il était raisonnable de penser que si le matériel génétique fait l'objet de mutations et que celles-ci sont transmises aux générations suivantes, alors elles introduisent une importante source de variabilité. La logique darwinienne reste toutefois valide: une fois exprimées, les mutations sont bel et bien soumises à la sélection naturelle.

Cela dit, les deux approches restent valables. On peut expliquer la biodiversité comme un naturaliste, c'est-à-dire s'intéresser aux organismes entiers, à l'adaptation et au succès reproductif de telle ou telle espèce. Mais on peut aussi l'expliquer comme un généticien des populations, c'est-à-dire s'intéresser aux gènes, à leur proportion relative dans une population donnée, de génération en génération. Ces deux points de vue ne sont pas contradictoires, ils correspondent à deux niveaux d'organisation de la vie.

Spécialiste de l'évolution à l'Université Laval, Cyrille Barrette illustre d'ailleurs la relation entre ces deux niveaux par la jolie métaphore de la course à relais :

> Le coureur est l'individu, le bâton, ce sont les gènes ; chaque relais représente une génération et l'ensemble de la course est comme une portion de l'histoire d'une lignée. Dans la course à relais, le bâton que se passent les coureurs est indispensable, lui seul fait toute la course. Si un coureur l'échappe, c'est la fin de la course pour cette équipe (lignée). On ne peut courir ou gagner sans le bâton. Mais le bâton ne peut pas courir tout seul : le coureur n'est qu'un porteur temporaire du bâton, comme l'individu n'est qu'un porteur temporaire de ses gènes, mais sans coureur, il n'y a pas de course[2].

Pour un naturaliste, enchaîne Barrette, ce sont les coureurs qui travaillent fort, c'est l'individu qui est excitant et vivant, et donc c'est cette course qu'il préfère raconter. Mais il faut reconnaître l'importance du bâton ou du programme génétique qui habite tous les individus et toutes les espèces. La vision moderne du vivant intègre ces deux dimensions.

* * *

Premier week-end de septembre. Temps idéal pour faire le tour du lac en canot. Nous pénétrons dans ce que nous avons surnommé avec un sens théâtral un peu poussé «la baie du fond des temps...». C'est une simple échancrure dans un coin du lac, une petite pièce d'eau de faible profondeur, sans aucune habitation à proximité, un endroit sombre et tranquille jonché de plantes aquatiques et de troncs de cèdres noyés. Manœuvrant avec précautions, nous glissons le canot vers de curieuses plantes sur le bord. Ce sont des sarracénies pourpres.

Elles ont de magnifiques fleurs rouges dressées, qui font une trentaine de centimètres de haut, mais c'est à la base que se trouve le plus étonnant. Il y a des feuilles en trompettes de couleur vert foncé, veinées de pourpre, qui s'ouvrent pour capter l'eau qui tombe du ciel... et les insectes qui s'y aventurent. Ce sont des plantes carnivores. Le frère Marie-Victorin en a longuement parlé dans sa célèbre *Flore Laurentienne* :

---

2. Cyrille Barrette, *Le miroir du monde*, p. 91.

La sarracénie pourpre est la plus extraordinaire plante de notre flore, et le principal ornement de nos tourbières. Elle est l'un des exemples classiques du carnivorisme chez les plantes. Si l'on passe le doigt à l'intérieur de la feuille tubuleuse, on voit qu'un revêtement de poils dirigés vers le bas favorise l'entrée, mais rend la sortie difficile aux malheureux insectes qui veulent s'aventurer en cet abri ou s'aller désaltérer en cette vasque minuscule. Il arrive le plus souvent que l'insecte prisonnier s'épuise en vains efforts, et se noie dans l'eau de pluie que la feuille renferme presque toujours. Une diastase spéciale dissout les cadavres des insectes capturés, et permet peut-être l'assimilation directe des substances organiques ainsi digérées par les tissus de la feuille[3].

L'originalité de cette plante frappe d'emblée: on s'étonne de sa capacité à piéger, décomposer et finalement digérer des insectes. Comment tout cela peut-il être le produit de l'évolution? Cela paraît aberrant, mais ce n'est qu'apparence. Même s'il y a peu d'études sur l'origine du carnivorisme chez les plantes, faute de fossiles adéquats, on peut reconstituer certaines étapes plausibles.

En premier lieu, il y a toujours eu et il existe encore de nombreuses espèces de plantes qui ont développé des mécanismes pour garder l'eau, notamment les plantes épiphytes des déserts. Certains insectes y tombent, y meurent noyés et sont décomposés – pas nécessairement par la plante, mais par les bactéries. Par ailleurs, de nombreuses plantes absorbent très bien les substances nutritives par leurs feuilles, en particulier les sels minéraux. On peut imaginer que dans certaines circonstances environnementales, les substances issues de la décomposition des insectes, qui n'étaient qu'un complément nutritif pour la plante, sont devenues sa principale source de nutrition. Par opportunisme, en somme, la plante est devenue carnivore. Puis sont apparus, toujours par sélection naturelle, divers ajouts allant dans le même sens: de belles couleurs pour attirer les proies, des poils retroussés dans le bon sens, un nectar dans le fond de l'urne, des enzymes digestives, etc. Si ce modèle de «construction progressive» ne saute pas aux yeux d'un profane, il s'imposera facilement à un biologiste ou à un observateur aguerri. Ce qui n'enlève rien à la beauté mystérieuse de cette magnifique plante...

---

3. Frère Marie-Victorin, *Flore laurentienne*, p. 243.

2. L'arbre de la vie et les deux D.

Lorsqu'on a le choix, c'est à la mi-mai qu'il faut visiter le Jardin botanique de Montréal. C'est un des lieux où l'on sent le mieux la violence du printemps, dans ce pays à l'hiver long et rigoureux. Un mois à peine après les dernières neiges, les plantes ont émergé de leur léthargie et poussent à une vitesse saisissante, comme si elles mettaient les bouchées doubles afin de rattraper un retard coupable. Sur les 75 hectares du Jardin, au pied du fameux stade olympique, on trouve pratiquement toutes les espèces de plantes et d'arbres indigènes pouvant pousser sous ces latitudes, mais aussi des espèces importées de partout dans le monde.

Lors de ma visite printanière, je vais d'abord voir les pommetiers et les lilas en fleurs. J'aime cette exubérance florale, ces alignements resplendissants de couleurs claires, mais j'avoue avoir peu de patience à contempler ces plantations un peu trop régulières. Rapidement, je file vers le jardin du sous-bois. Là, sous le couvert de grands érables, de frênes et de tilleuls, poussent de nombreuses plantes printanières, notamment des primevères et des sanguinaires. Ces plantes s'en donnent à cœur joie, avant que le feuillage des arbres ne vienne leur voler les rayons du soleil. On n'entend presque plus le bruit de la ville, on pourrait être en forêt profonde. Il y a toujours quelques oiseaux dans les bosquets, lançant leurs trilles vigoureux. D'ici quelques semaines, le feuillage des grands arbres va s'épaissir et les plantes printanières céderont la place à des espèces moins exigeantes en lumière, comme les fougères et les hostas, mais, pour y être venu en été, je sais que l'atmosphère restera intimiste et feutrée.

* * *

La dernière fois que je suis allé au Jardin botanique, je me suis attardé dans l'arboretum à la recherche d'un arbre... un arbre réel, mais qui corresponde à un arbre imaginé. L'été précédent, j'avais relu un passage de *L'origine des espèces* qui avait attiré mon attention. C'est celui dans lequel Darwin compare l'ensemble du vivant à un arbre de vie, exprimant par cette image la parenté de tous les êtres vivants entre eux et les liens qui les unissent. La citation est longue, mais elle mérite une attention particulière, car on est au cœur de la pensée darwinienne. Elle débute ainsi :

> On a quelquefois représenté sous la figure d'un grand arbre les affinités de tous les êtres de la même classe, et je crois que cette image est très juste sous bien des rapports. Les rameaux et les bourgeons représentent les espèces existantes ; les branches produites pendant les années précédentes représentent la longue succession des espèces éteintes. À chaque période de croissance, tous les rameaux essayent de pousser des branches de toutes parts, de dépasser et de tuer les rameaux et les branches environnantes, de la même façon que les espèces et les groupes d'espèces ont, dans tous les temps, vaincu d'autres espèces dans la grande lutte pour l'existence[4].

Ce qui ressort ici, c'est la notion de succession des espèces et celle de la survie du plus apte. On se trouve au cœur de l'affirmation centrale de Darwin, mais le biologiste anglais n'a pas expliqué le lien entre ce qu'on voit et le passé géologique, sujet très controversé à l'époque. Poursuivant, il précise donc (j'abrège quelque peu) :

> [...] Sur les nombreux rameaux qui prospéraient alors que l'arbre n'était qu'un arbrisseau, deux ou trois seulement, transformés aujourd'hui en grosses branches, ont survécu et portent les ramifications subséquentes ; de même, sur les nombreuses espèces qui vivaient pendant les périodes géologiques écoulées depuis si longtemps, bien peu ont laissé des descendants vivants et modifiés. Dès la première croissance de l'arbre, plus d'une branche a dû périr et tomber[5] [...].

Utilisant la même analogie, Darwin vient donc de préciser que la majorité des espèces ont probablement disparu en ne laissant que des traces fossiles ou sans laisser de traces du tout et que nous contemplons aujourd'hui les descendants modifiés d'espèces passées. Mais il n'a pas fini.

---

4. Charles Darwin, *L'origine des espèces*, p. 180.
5. *Ibid.*, p. 181.

Il lui faut régler le cas des animaux étranges et isolés, proposer une explication valable à la présence de bizarreries de la nature. Il y arrive dans le passage suivant :

> De même que nous voyons çà et là sur l'arbre une branche mince, égarée, qui a surgi de quelque bifurcation inférieure, et qui, par suite d'heureuses circonstances, est encore vivante et atteint le sommet de l'arbre, de même nous rencontrons accidentellement quelque animal, comme l'ornithorynque ou le lépidosirène, qui par ses affinités rattache, sous quelques rapports, deux grands embranchements de l'organisation, et qui doit probablement à une situation isolée d'avoir échappé à une concurrence fatale[6].

Compte tenu du fait qu'à l'époque, les fossiles de ces animaux manquaient à l'appel, son interprétation de la place dans le vivant de l'énigmatique ornithorynque (un étrange mammifère qui pond des œufs) et du lépidosirène (un poisson des marais de l'Amérique du Sud, muni de poumons primitifs et capable de s'enfouir dans des terriers lors de périodes de sécheresse) est remarquablement clairvoyante. Darwin enchaîne alors sur sa conclusion, teintée d'une pointe de lyrisme plutôt rare chez lui :

> De même que les bourgeons produisent de nouveaux bourgeons, et que ceux-ci, s'ils sont vigoureux, forment des branches qui éliminent de tous côtés les branches plus faibles, de même je crois que la génération en a agi de la même façon pour le grand arbre de la vie, dont les branches mortes et brisées sont enfouies dans les couches de l'écorce terrestre, pendant que ses magnifiques ramifications, toujours vivantes, et sans cesse renouvelées, en couvrent la surface[7].

Près d'un siècle et demi plus tard, ces propos n'ont pas pris une ride. La comparaison du vivant à un grand arbre reste juste et utile pour saisir la réalité. Le grand nombre de branches illustre le spectre très large de la biodiversité, le fait qu'il n'y ait qu'un arbre illustre l'unité du vivant. Certes, sur le fond, depuis la parution de *L'origine des espèces*, l'idée maîtresse de Darwin, soit l'évolution par sélection naturelle, a été renforcée et précisée par de très nombreuses recherches en génétique, en biologie moléculaire et en paléontologie, et elle tient toujours la rampe. C'est la théorie la plus puissante pour

---

6. *Ibid.*, p. 181.
7. *Ibid.*, p. 182.

expliquer le vivant ou, selon l'expression de John Maynard-Smith, la principale idée unificatrice de la biologie. Elle permet de décrire la nature de manière satisfaisante; elle est indispensable pour comprendre la vie dans sa complexité. Par ailleurs, sur un mode plus subjectif, le coup de chapeau de Darwin à ces «magnifiques ramifications, toujours vivantes» me semble tout aussi justifié.

* * *

Au Jardin botanique de Montréal, ma recherche d'une espèce d'arbre pouvant représenter l'arbre de la vie selon la description de Darwin était un tantinet facétieuse. Après tout, il s'agit d'une simple image pour faire comprendre les choses, une comparaison à but pédagogique. D'accord pour le principe général : chaque ramille représente une espèce actuelle ; donc, s'approcher du tronc équivaut à remonter dans le temps et retrouver des ancêtres communs. D'accord aussi pour la dimension écologique, plus subtile : deux ramilles peuvent être proches dans l'espace (comme deux espèces peuvent l'être, disons un loup et un caribou) alors que leur dernier point de contact, c'est-à-dire leur dernier ancêtre commun, se situe tout de même assez loin sur le tronc. D'accord enfin pour remarquer que, de la même manière qu'il n'y a qu'un chemin pour aller à une ramille, il y a une seule façon d'arriver à une espèce donnée. Cette caractéristique distingue d'ailleurs la façon de classer en biologie de la manière dont on classe les livres dans les bibliothèques, qui permet des chemins multiples.

Cela dit, toute comparaison a ses limites, qu'il faut savoir reconnaître. La principale concerne la forme de l'arbre. Bien qu'on aime généralement les arbres fièrement dressés, il ne faut pas concevoir l'arbre de la vie comme étant un fut tout droit, culminant dans une seule flèche terminale représentant l'homme. Cette conception erronée nous ramène à une idée fausse, qui était courante dans l'Antiquité et au Moyen Âge, celle de «l'échelle de la vie». En réalité, l'évolution n'est pas un chemin impliquant une graduation régulière, allant d'un point A à un point X et culminant par l'espèce humaine. Elle n'a pas de but. Rien n'était prévu au départ, pas même l'homme. On doit donc considérer que dans l'arbre de la vie, l'espèce humaine n'est qu'une ramille récente parmi d'autres, qui aurait pu ne pas exister. Cet arbre imaginaire n'est donc surtout pas un sapin ou un conifère bien droit, avec l'homme trônant au sommet.

Serait-ce alors un arbre majestueux à la ramure équilibrée, tel un chêne, un orme, un hêtre ou un érable? Pas vraiment non plus, dans la mesure où les grandes divisions du vivant ne ressemblent pas aux branches égales et régulièrement réparties de ces arbres. En fait, les règnes du vivant ont divergé à des dates échelonnées sur trois milliards et demi d'années. Certaines grosses branches (phylums) ont donné lieu à un grand nombre de branches moyennes (classes, ordres) et d'autres à très peu; certaines branches moyennes se sont rapidement subdivisées en de nombreuses petites branches (familles, genres) et en ramilles (espèces), tandis que d'autres n'ont pas suivi ce processus. À travers tout cela, il y a eu des pertes énormes, des branches qui sont tombées et ont disparu, tandis que d'autres croissaient rapidement malgré leur apparition relativement tardive – celle des mammifères, par exemple.

Tout bien réfléchi, un arbre de la vie réaliste pourrait ressembler à un arbuste plutôt qu'à un arbre, un buisson dense et touffu, assez large et pas nécessairement agréable à l'œil. Ce jour-là au Jardin botanique, j'éliminais donc par la pensée les plus beaux arbres et repartis bredouille de ma quête donquichotesque de l'arbre de la vie. De retour à la maison, j'eus une illumination en rangeant mon vélo dans le garage. Là, devant moi, ce plant de chèvrefeuille aux branches entremêlées, aux pieds enterrés sous les feuilles et les brindilles mortes de l'automne passé... j'avais peut-être enfin trouvé le meilleur candidat de la journée au titre d'arbre de la vie!

* * *

Avant Charles Darwin, les naturalistes avaient déjà mis en place des systèmes de classification du vivant. À partir du 17e siècle, ils ont développé des approches rationnelles, basées sur l'étude des formes comparées des espèces vivantes et des fossiles collectés. L'analyse morphologique reste de nos jours une méthode capitale, pratiquée par les taxonomistes du monde entier. C'est elle qui marque le début de la période scientifique. En analysant les formes et les structures des organismes, les savants de l'époque en venaient donc à établir des liens de parentés, qu'ils présentaient à l'intérieur des cadres explicatifs dont ils disposaient alors. Avant Darwin, ils faisaient soit appel à la notion de fixité des espèces, comme dans le créationnisme prôné par les religions, soit à la transformation des espèces selon un «élan vital», comme dans la théorie de Jean-Baptiste Lamarck. Le darwinisme a fourni un cadre explicatif général convaincant, une théorie qui pouvait être testée et correspondait aux observations antérieures. Un exemple frappant est le squelette des membres de différents vertébrés. Mettez côte à côte la patte d'un lézard, celle d'un chien, le bras d'un humain et la nageoire d'une baleine. Vous constaterez que peu importe la forme et la fonction, le squelette est presque le même: il est constitué des mêmes os, *placés dans le même ordre*. On peut donc supposer que ces animaux ont eu un ancêtre commun, dont ils ont hérité une structure squelettique distincte. Par cette idée de l'ascendance commune, conjuguée avec celle de la sélection naturelle, Darwin donnait une unité à de nombreux phénomènes que ses prédécesseurs avaient observés dans la nature et dans les couches géologiques profondes.

En pratique, toutefois, la théorie darwinienne de la sélection naturelle a mis beaucoup de temps à s'imposer, tant pour des raisons scientifiques que pour des raisons idéologiques. Elle a aussi, pourrait-on dire, été révisée et amendée par de nouvelles connaissances post-darwiniennes. En simplifiant, disons qu'on a discuté de l'apport de la génétique, notamment de la génétique des populations, sous le nom de «Nouvelle synthèse» au cours des années 1930-1940. Puis on a discuté de l'apport d'une autre théorie génétique, le neutralisme, dans les années 1960-1970 et enfin, de l'apport de la théorie des équilibres ponctués dans les années 1980. Quoi qu'il en soit, ces débats vigoureux ont confirmé les argumentations de Darwin et on peut résumer en affirmant qu'aujourd'hui aucun biologiste sensé ne doute plus que la sélection naturelle soit le moteur de l'évolution, même s'il reste des divergences quant au rythme et à la manière dont tout cela se passe.

Malgré tout, au vingtième siècle, la génétique a considérablement bousculé les cartes. Car lorsqu'on a élucidé la nature de l'ADN en 1953 et trouvé ensuite la clé du fonctionnement des gènes, la perspective a changé. Réaliser tout à coup que l'immense diversité du vivant – toutes les plantes, les animaux, les bactéries sont semblables au niveau moléculaire – est tout simplement renversant. Dans les lignes qui suivent, je vais tenter de donner une idée de cette nouvelle perspective ; pour cela, je devrais introduire quelques concepts. Le passage suivant demandera un peu d'effort à ceux et celles qui ne sont pas familiers avec cet «ABC» de la biologie moléculaire, mais il est utile pour la suite du livre.

* * *

On l'a dit, le code génétique est universel. À quoi sert-il? À faire le lien entre le langage à quatre bases de la molécule d'ADN (A, C, T, G) et les protéines, qui parlent un langage de 20 acides animés. Les protéines sont les «chevaux de labour» de tout organisme vivant. Certes, ce système comportant deux langages et un code de traduction entre les deux peut sembler un peu lourd, mais il fonctionne très bien. Toutes les protéines de tous les êtres vivants connus sont assemblées en utilisant ce code... et *seulement* ce code (toutes les protéines sont en effet des combinaisons différentes des vingt acides aminés de base). Le vivant est ainsi fondamentalement uni.

Disons-le différemment, à travers la flèche du temps. L'ADN est le fil immortel qui nous relie à nos ancêtres les plus éloignés. Ce fil invisible à l'œil nu unit tous les organismes. De la bactérie la plus primitive à l'homme, en passant par l'ancêtre des poissons, un amphibien primitif, un reptile-mammalien, un premier primate, un Australopithèque, il n'y a pas d'interruption dans la chaîne de transmission de l'information génétique, le «capital génétique» est transmis par la double hélice qui constitue un système universel de stockage de l'Information. Bien sûr, l'ADN et les gènes qu'il porte sont soumis à des processus de mutations et de sélection dans chaque espèce et dans chaque individu, mais ce fil de vie est unique et irremplaçable. Il n'est apparu qu'une fois dans l'histoire de la vie sur Terre : une fois et pour de bon.

* * *

L'impact de ces faits sur la manière de voir le vivant aujourd'hui est phénoménal. Pour le mesurer, je ferais appel au second D. célèbre dans le domaine de l'évolution, le professeur Richard Dawkins, de l'Université Oxford. Dans son livre paru en 1986 *The Blind Watchmaker* (*L'horloger aveugle*), Dawkins fait remarquer qu'avant l'âge de la biologie moléculaire, les zoologistes pouvaient seulement déterminer la parenté des animaux qui partageaient un grand nombre de similitudes sur le plan anatomique. Mais désormais, le coffre aux trésors est ouvert. De vagues impressions de parenté peuvent se transformer en quasi-certitudes sur le plan statistique. Chaque protéine étant une «phrase», une chaîne d'acides aminés (les «mots»), on peut «lire» ces phrases dans les différents organismes. On doit alors présumer que deux protéines très semblables proviennent d'espèces qui sont de très proches cousines; des protéines dissemblables proviennent de cousins plus éloignés. En fait, on peut mesurer exactement la différence entre deux animaux par le nombre de mots différents dans une même phrase.

En parallèle, on considère que chaque protéine évolue à un rythme à peu près constant, même si c'est dans des ensembles d'animaux très différents (il y a des exceptions, mais laissons-les de côté). En conséquence, les différences entre des protéines semblables dans deux animaux forment une bonne mesure du temps qui s'est écoulé depuis l'époque où leur dernier ancêtre commun vivait. Ce phénomène est à la base de ce qu'on appelle une *horloge moléculaire*. Une telle machine à remonter le temps permet d'estimer non seulement quels animaux sont les plus proches cousins, mais aussi à quel moment leur dernier ancêtre commun vivait.

Dawkins résume ainsi la puissance de cette méthode (je traduis):

> Bien entendu, toutes les phrases moléculaires n'ont pas été déchiffrées, mais on peut se promener dans la bibliothèque et comparer la phraséologie mot par mot et lettre par lettre, disons de l'alpha hémoglobine d'un chien, d'un kangourou, d'un échidné, d'un poulet, d'une vipère, d'une salamandre, d'une carpe et d'un humain. Tous les animaux n'ont pas d'hémoglobine, mais il existe d'autres protéines, comme les histones, qui ont des versions dans toutes les plantes et tous les animaux et qui existent déjà dans les bibliothèques génétiques. Ce ne sont pas des mesures vagues du genre de la longueur du membre inférieur ou de l'épaisseur du crâne, qui peuvent varier selon l'âge et la santé du spécimen ou même selon l'œil du mesureur. Ce sont des versions précisément formulées de la même phrase dans le même langage, qui peuvent être comparées aussi minutieusement et précisément que les érudits grecs comparaient des parchemins du même évangile[8].

8. R. Dawkins, *The Blind Watchmaker*, p. 272.

Et Dawkins conclut en affirmant que les séquences d'ADN sont les évangiles de la vie, que nous avons appris à déchiffrer.

* * *

Dans le concret de la recherche, tout cela peut vite devenir assez compliqué. Il existe beaucoup de cas de figure et plusieurs techniques pour comparer les espèces directement au niveau des gènes. Pour s'en rendre compte, prenons un exemple simple : supposons que vous voulez comparer une protéine, le cytochrome c humain, avec ses équivalents chez le singe rhésus et le cheval. Entre le singe et l'homme, on trouve une seule différence dans la séquence du gène (en position 66 sur les 104 acides aminés de la protéine). Entre le cheval et l'homme, on en trouve 12, et entre le cheval et le singe, 11.

En supposant un taux de changement à peu près égal d'une branche à l'autre, on peut formuler des hypothèses pour dater la divergence de ces trois animaux, hypothèses qu'on peut représenter par les arbres de l'image. Lequel est le bon ? Celui de gauche, car c'est le plus vraisemblable selon un principe dit de parcimonie (c'est-à-dire supposant le moins de changements indépendants de « mots » dans la « phrase » cytochrome c au cours de l'évolution).

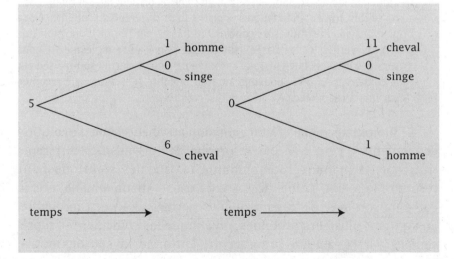

Source : D'après une illustration parue dans Jacques Arnould, Pierre-Henri Goyon et Jean-Pierre Henry, *Les avatars du gène*, p. 162.

Évidemment, dans ce cas on peut répondre qu'on «savait au départ» que l'homme se révélerait être plus proche du singe que du cheval, donc qu'on a été guidé vers la bonne solution par des connaissances préalables en anatomie et en paléontologie. En recherche, c'est un peu la même chose; le nombre d'arbres phylogéniques possibles devenant très élevé dès qu'on se met à comparer plus de 10 espèces, les spécialistes éliminent d'emblée des arbres peu probables et se concentrent sur les autres. Même ainsi, ils ont besoin d'ordinateurs: il existe des programmes spécialisés dans ce genre de travail. Les méthodes de reconstruction de généalogies basées sur les distances entre séquences prises deux à deux ne sont d'ailleurs pas les seules. On peut aussi effectuer des reconstructions avec des méthodes basées sur le nombre de mutations (substitutions de bases d'ADN, insertions, délétions) qui affectent chacun des sites (leur position relative) dans la séquence.

Avant de quitter ces propos théoriques un peu ardus, répondons à une objection évidente: «C'est bien beau, votre truc... mais peut-on se fier à une seule protéine pour tracer des parentés dans le vivant?». La réponse est évidemment négative. Mais pour citer une fois de plus Dawkins:

> L'information moléculaire est tellement riche qu'on peut faire et refaire sans cesse des arbres taxonomiques séparés pour différentes protéines. Nous pouvons ensuite utiliser les conclusions basées sur l'étude d'une molécule afin de vérifier celles basées sur l'étude d'une autre molécule. Si nous sommes inquiets que l'histoire racontée par une molécule soit biaisée par la convergence, nous pouvons aussitôt la confronter avec celle racontée par une autre molécule[9].

Le biologiste anglais fait ici allusion au phénomène d'évolution convergente – ce qui se passe lorsque des organismes différents trouvent de manière indépendante les mêmes solutions pour résoudre le même problème. Dans ce cas, statistiquement rare, la comparaison avec d'autres protéines permet de lever l'ambiguïté. En vérifiant plusieurs protéines, on élimine les coïncidences représentées par l'évolution convergente. Enfin, au niveau des outils, signalons que les banques de données génomiques sont de plus

---

9. *Ibid.*, p. 274.

en plus nombreuses, puisqu'en janvier 2005, on avait déchiffré les génomes d'environ 150 bactéries, d'une vingtaine de plantes et d'une cinquantaine d'animaux (comme la souris, la mouche à fruit, le ver de terre, le poisson-zèbre et le chimpanzé).

* * *

Dès lors, on aura compris que le sport nommé phylogénie moléculaire consiste à trouver ou à préciser les parentés réelles entre les organismes, et que cela se fait par un ensemble de méthodes sophistiquées. L'image d'un seul grand arbre de la vie utilisée par Darwin reste valable, mais dans le concret, les chercheurs construisent des multitudes d'arbres qui indiquent les parentés évolutives à l'échelle des familles et des genres, plutôt qu'à l'échelle des grandes divisions, ne serait-ce que parce que les quantités de détails sont énormes. Si bien qu'on a affaire à un univers d'emboîtements successifs, un peu comme des poupées russes. De manière dynamique, on peut le visualiser en faisant appel à un mécanisme de cinéma bien connu, celui du zoom.

En partant de l'image globale de la vie comme étant un bosquet touffu et étalé en largeur, dans lequel les mammifères ne sont qu'une branche parmi d'autres et l'homme est une brindille terminale perdue au milieu, effectuons une série de « zoom out » à partir de cette partie du buisson. Premier zoom out : nous repérons nos parents les plus éloignés parmi les vertébrés, soit les premiers tétrapodes. Puis nous apercevons quelques cousins invertébrés et les lointains ancêtres que nous avons partagés avec eux. Second zoom out : de nouvelles branches animales apparaissent, notamment les arthropodes (arachnides, crustacés et insectes). En continuant le mouvement, nous voyons les coraux, les méduses, les éponges, et de minuscules organismes marins.

À ce stade, la brindille terminale qu'est l'homme n'est plus qu'un point indistinct. Nous découvrons l'expansion des champignons microscopiques, il y a environ un milliard d'années. En poursuivant le mouvement de zoom, nous voyons apparaître les premiers organismes multicellulaires, tandis que les microbes – bactéries, virus et archéobactéries – projettent leur descendance en longs filaments vers le haut du buisson, avec une telle densité que l'ensemble du règne animal a l'air, en comparaison, d'un chicot minable.

De nos jours, on peut facilement visualiser cette fabuleuse histoire de la vie dans des ouvrages de synthèse richement illustrés, mais l'ordinateur est un instrument bien adapté pour montrer l'étendue et la dynamique de l'histoire naturelle. Avec l'arrivée d'Internet, toutes ces représentations sont accessibles aux profanes.

En se promenant sur le Web, on peut parfaitement se faire une idée de l'état actuel de la science. Il existe bien sûr plusieurs sites très spécialisés, à éviter pour ne pas risquer une indigestion de noms scientifiques ou de tomber dans des trous noirs cybernétiques. Toutefois, selon le langage des guides Michelin, un site Internet «vaut le voyage» à lui tout seul, c'est celui du projet international Tree of Life, logé à l'adresse http://tolweb.org/tree. La représentation proposée de l'arbre de la vie en un arbuste rampant (qui prend l'allure d'une plante aquatique échevelée) est particulièrement réussie. On peut faire à loisir des zooms avant et arrière, tels qu'évoqués plus haut. L'information y est de haute qualité scientifique, avec les contributions de chercheurs réputés. En surfant dans les différentes sections du site, on peut découvrir des parentés étonnantes à l'intérieur de familles ou de genres précis, mais aussi visualiser les distances évolutives.

Pour revenir aux surprises de la phylogénie moderne, saviez-vous par exemple que nous sommes plus proches des plantes à fleur que des bactéries *E. coli* qui peuplent nos intestins? Et que nous sommes encore plus proches des champignons? Ces connaissances peuvent sembler gratuites mais peuvent en fait avoir des conséquences, par exemple dans les stratégies de lutte aux infections fongiques chez l'humain.

On pourrait multiplier les exemples. Mais on aura compris qu'il s'agissait de donner une idée des méthodes modernes de la phylogénie, pour mieux saisir par la suite la puissance de cette démarche scientifique. On est déjà loin de simples histoires de classement, de querelles byzantines sur la place de tel ou tel organisme dans le règne animal ou végétal. On aura compris que la révision que provoquent les méthodes recourant à l'ADN peut aller beaucoup plus loin. Elles touchent aussi bien l'origine de la vie que la diversité du vivant, son étendue, le statut des grands groupes d'organismes. Elles touchent aussi, finalement, la manière dont ce primate qu'est l'homme voit ses cousins et conçoit son rôle sur la planète.

Dans les chapitres qui suivent, nous illustrerons cette nouvelle manière de considérer le vivant par deux « cas types » particulièrement intéressants. L'un de ceux-ci concerne l'origine d'un important groupe de mammifères, les baleines. Nous verrons comment les astuces de la phylogénie, jointes à celles de la paléontologie classique et de la nouvelle science de l'évo-dévo, aboutissent à un reclassement majeur. Mais d'abord, nous allons examiner de plus près la vieille question du classement des organismes et montrer comment les inventaires de la biodiversité sont renouvelés par les approches moléculaires.

3. Dis-moi quel est ton code barres

C'est en mai 1992, un matin, de bonne heure. Nous marchons dans le sentier de la forêt du Monteverde, au Costa Rica. Nous avançons dans la forêt pluviale, quatre Canadiens récemment débarqués, les sens déboussolés et suant à grosses gouttes. Le projet est pourtant simple et peu aventureux malgré les apparences: nous faisons un reportage sur les plantes médicinales. Manuel, un jeune botaniste du coin, nous guide et nous pointe parfois des arbres et des plantes. Alors, nous nous arrêtons. Je dépose le trépied que je porte et qui me semble peser une tonne, nous filmons, je prends des notes et nous repartons.

À un détour du sentier, deux hommes s'avancent, visiblement des étrangers, avec des grands sacs à dos. Des touristes? Pas tout à fait. Ce sont deux botanistes américains, Thomas Daniel et Francesco Almeda, en mission pour l'Académie des sciences de la Californie. Ils préparent un atlas des plantes du Costa Rica. Un pur hasard, une rencontre inespérée! Nous arrangeons aussitôt une interview, au milieu du sentier. «Lorsque nous trouvons un spécimen de plante que nous ne connaissons pas *a priori*, nous dit Thomas Daniel, la première tâche, après avoir bien documenté le lieu, c'est de l'identifier par son nom scientifique. Pas son nom vulgaire ni un nom local, mais son nom scientifique qui est toujours écrit en latin: nom et épithète. Pour cela, nous examinons sa morphologie à l'aide de clés dichotomiques: le spécimen considéré a ou n'a pas telle ou telle caractéristique structurale, nous passons alors à la suivante, puis à la suivante, et ainsi de suite.» Dans la réalité, concède-t-il, un examen visuel sommaire permet facilement à un spécialiste d'identifier la famille ou le genre, «mais l'examen approfondi reste souvent nécessaire pour identifier l'espèce ou la sous-espèce, surtout dans un milieu aussi riche que celui-ci».

Ses remarques nous ramènent à la base du travail scientifique. De fait, le processus de description d'une espèce demeure semblable à celui qu'a inventé le Suédois Carl von Linné en 1750. Le système est basé sur une hiérarchie de sept catégories descriptives. Pour l'homme, on définit ainsi le règne (animal), l'embranchement ou phylum (les chordés), la classe (les mammifères), l'ordre (les primates), la famille (les hominidés), le genre (*Homo*) et l'espèce (*Homo sapiens*). Par convention, les chercheurs utilisent couramment le latin pour le genre et l'espèce. Ainsi *Homo sapiens* est immanquablement un humain, de la même manière que *Catharantus roseus* est immanquablement la pervenche de Madagascar et *Acipenser fulvescens*, l'esturgeon de lac.

Si ce système est encore en vigueur, il n'empêche que la taxonomie a évolué et que les noms acceptés aujourd'hui ne sont pas toujours les noms du passé. La raison est que cette branche de la science ne vise pas seulement à classer – ce qui a toujours laissé froid certains chercheurs, dont Darwin, qui s'est contenté d'indiquer que le système de Linné était «bien pratique». Elle vise aussi à établir la phylogénie, c'est-à-dire l'histoire évolutive des espèces, la position de chaque branche dans le buisson touffu de la vie. Il s'agit là d'un objectif nettement plus complexe qui fait appel à des techniques modernes. À son tour, ce travail débouche sur des classifications qui reflètent le mieux possible l'évolution, au fur et à mesure que les connaissances progressent. La taxonomie est en fait une discipline très pointue traversée par de bruyantes querelles passionnant les chercheurs du domaine, mais peu compréhensibles pour le commun des mortels.

Il reste que l'importance d'un classement saute aux yeux. Nommer les organismes pour les connaître, pour comprendre les relations qu'ils entretiennent entre eux, dans le temps et dans l'espace. Les nommer pour décrire la richesse du vivant et faire un inventaire de la biodiversité. Tout cela est nécessaire dans une perspective de recherche fondamentale, mais aussi dans une perspective appliquée. On parle ici d'activités qui ont des impacts économiques considérables: comment bien gérer des stocks de poissons ou d'animaux chassés, par exemple, si on ne sait pas bien les distinguer les uns des autres? Un autre exemple qui vient à l'esprit est celui du contrôle des espèces nuisibles aux cultures. Ou encore, des espèces envahissantes... Il faut les repérer rapidement, si possible avant qu'elles ne fassent des dégâts. De ce point de vue, la difficulté principale ne réside pas dans la phase finale de l'identification des espèces. De nos jours, la plupart des collections de plantes et d'animaux ont été standardisées et informatisées, leur accès est rapide et universel.

Le problème, c'est le temps requis lors des étapes préliminaires, alors qu'il faut collecter les spécimens sur le terrain, les préparer et prélever des fragments pour examen. Lorsqu'en plus il faut consulter un expert spécialisé – ce qui reste nécessaire en cas de doute –, ces démarches deviennent longues et coûteuses. Dans ces conditions, peut-on trouver une méthode qu'on puisse standardiser et qui permette d'identifier très rapidement et à coup sûr toutes les espèces animales et végétales? C'est ici que l'histoire toute chaude d'un biologiste moléculaire nommé Paul Hebert (un nom issu du français Hébert, mais qui a perdu l'accent sur le e) prend toute sa valeur.

* * *

Paul Hebert – un quinquagénaire au visage rond et aux yeux vifs –, se considère comme un homme «plutôt impatient». Ce spécialiste de l'évolution à l'Université de Guelph, en Ontario, était ulcéré de perdre son temps à identifier des espèces animales et végétales. Comme ses collègues, il passait des heures à les comparer au microscope ou à l'œil nu. Mais il raconte qu'un jour, il a eu un flash. Puisqu'il est possible de marquer tous les produits alimentaires par un code barres universel, s'est-il dit, il doit bien exister l'équivalent pour l'identification des espèces vivantes, une sorte de codage génétique spécifique. Il lui a fallu six ans pour prouver que son idée était valable et pour convaincre les organismes subventionnaires de soutenir son projet, qu'il a nommé Barcode of Life Initiative.

Mais aujourd'hui, après le lancement à Guelph en mai 2005 d'un consortium d'identification de tous les poissons du monde, il sait que son pari est bien engagé. Son réseau central, basé à Guelph, regroupe par Internet plusieurs consortiums internationaux d'identification de mammifères, d'oiseaux, de poissons et d'insectes et un réseau national canadien. Chaque jour, des centaines d'échantillons arrivent au laboratoire et ressortent avec un «code barres» génétique unique – cette expression étant une analogie avec le code barres des aliments, qui est un système d'identification rapide. Il s'agit d'alimenter une banque centrale de référence qui espère devenir LA bibliothèque de la biodiversité dans le monde. L'objectif avoué est de faire passer à la vitesse supérieure l'inventaire du vivant, dont on ne connaîtrait actuellement que le cinquième. Tout cela dans le contexte d'une certaine urgence : il faut identifier les espèces vulnérables et menacées pour les protéger avant qu'il ne soit trop tard.

Comment trouver l'équivalent d'un «code barres» pour les animaux et les plantes? Il faut, pour chaque espèce, isoler un morceau de séquence d'ADN spécifique qui ne puisse être confondu avec aucun autre. Pour Paul Hebert, le choix le plus évident était d'utiliser des gènes de mitochondries, car la technique est simple. Ces corpuscules sont les centrales énergétiques de la cellule. Elles ont l'avantage d'être nombreuses, faciles à isoler et de posséder leur propre génome. Un génome qui par ailleurs évolue très vite, au point où deux espèces qui viennent de diverger ont des séquences différentes.

Paul Hebert a d'abord travaillé sur deux gènes de mitochondries, le coxydase du cytochrome (COI) et le cytochrome b. Il a démontré qu'il suffisait de séquencer une petite section d'ADN située au début du gène COI pour identifier sans équivoque chaque espèce animale: en fait, les 648 premières bases de ce gène. C'est donc ce morceau d'ADN qu'il séquence systématiquement dans chaque échantillon soumis, et qu'il dépose dans la banque centrale de référence sur Internet. «Le fond de l'histoire est très simple, résume Hebert. Malgré des siècles d'observation naturaliste, nous n'avons pas d'outil d'identification du vivant, nous ne pouvons pas lire le vivant aujourd'hui. Nous n'avons pas de méthode transposable à l'ensemble des formes de vie en général. Et c'est ce que le code barres d'ADN va livrer à la science.»

* * *

Le projet Barcode of Life ne fait que traduire une réalité qui était connue depuis longtemps, mais que nous ne pouvions pas toucher du doigt. Les chercheurs savaient déjà que chaque espèce a sa signature unique dans le langage des quatre 4 lettres, A, C, G, T, de l'ADN, mais désormais on peut l'appréhender concrètement par une simple promenade dans la banque du projet, publiquement accessible sur Internet. Si nous cherchons par exemple la fiche d'identité génétique du chat domestique, en quelques clics de souris (électronique, celle-là!), nous aurons sur notre écran la séquence «code barres» complète, commençant par: TACTCTTACCTTTTATTCG. Si nous cherchons l'éléphant d'Afrique, *Loxodonta africana,* les 20 premières lettres de son identité génétique sont AACACTGTATCTATTATTTG.

Un peu trop facile, dites-vous? Vous souhaitez un peu plus de défi? Essayons d'identifier un animal à partir de la séquence de son COI, selon la méthode standard du projet. La séquence intégrale se lit ainsi sur votre écran d'ordinateur:

GGTATATGATCAGGTCTAGTTGGAACCGCACTCAGTTTACTTATTC
GTGCAGAATTAGGTCAGCCTGGGGCCCTTTTAGGAGATGATCAGTTAT
ATAATGTGATTGTAACTGCTCATGCATTTGTTATAATTTTTTTCTTAGT
TATGCCTATAATGATTGGAGGGTTTGGAAACTGATTAGTTCCTTTAATA
CTAGGAGCTCCTGATATAGCTTTCCCACGCCTAAATAACATGAGTTTCT
GGCTTTTACCTCCTGCCTTACTTCTTCTTTTGTCCTCAGCCGCTGTTG
AGAGAGGAGTTGGGACGGGATGAACAGTCTACCCTCCTTTAGCGGGG
AATCTCGCGCATGCCGGGGGTTCTGTTGATCTCGCTATTTTTTCGCTG
CATCTTGCTGGTGTCTCGTCTATTTTAGGGGCTGTAAACTTCATTACA
ACTATTATTAATATACGATGGCGAGGAATAGAGTTTGAGCGACTTCCA
CTATTCGTTTGGTCAGTAAAGATTACTGCAATTCTTCTTCTTCTTTCT
TTGCCTGTTTTRGCAGGAGCTATTACAATGTTATTAACAGACCGAAAC
TTTAACACTGCATTCTTTGACCCGGCAGGAGGAGGAGA.

Deux clics de plus, et voici l'identification de l'animal, sans l'ombre d'un doute (la banque de données ayant affiché un pourcentage de similarité avec cette espèce de 100%, nous avons une identification certaine). C'est un mollusque, un gastéropode de la famille des Cypræidæ, soit *Luria tessellata,* un très joli coquillage marin, vivant principalement à Hawaï.

* * *

Malgré tout, le projet Barcode of Life a ses détracteurs. Ceux-ci soulignent que la méthode ne marchera pas pour certains arthropodes, comme les araignées, ni pour de nombreux insectes, ni pour les plantes. Dans ce dernier cas, effectivement, le rythme d'évolution du COI est trop lent chez les végétaux. Paul Hebert en est bien conscient et répond que dans chaque cas litigieux, on trouvera un autre gène ou une combinaison de gènes valables. Pour lui, les solutions sont à portée de main, il suffit de s'y mettre. Le chercheur manifeste une confiance tout aussi inébranlable lorsqu'on évoque la crainte que les données génétiques recueillies soient en grande partie confondantes et finalement peu utilisables. Les promoteurs du projet font valoir qu'en 2004, il leur a suffi de six mois pour identifier *sans aucune erreur* tous les oiseaux d'Amérique du Nord par la méthode du Barcode. C'est déjà un exploit, mais au passage, les chercheurs ont aussi découvert de nouvelles espèces. «Après avoir analysé 130 espèces d'oiseaux d'Amérique du Nord, raconte-t-il, nous avons identifié quatre espèces inconnues parmi ces oiseaux. Par extrapolation, cela signifie 500 espèces nouvelles, ignorées jusqu'ici, pour l'ensemble des oiseaux du monde!» L'étude conclut aussi que les espèces dites jumelles, c'est-à-dire qui sont morphologiquement très semblables peuvent être départagées par leur code barres.

Fort de ces succès, le biologiste estime que son projet finira par convaincre les sceptiques. «Il restera toujours de la place pour les taxonomistes traditionnels, fait-il remarquer. Le but est que ces experts ne passent plus leur vie à identifier des échantillons un par un, mais qu'ils puissent consacrer plus de temps à produire un savoir nouveau dans leur spécialité.» L'argument n'est pas sans fondement. Pour certaines familles de fleurs, de poissons ou de lépidoptères, par exemple, il n'existe que quelques spécialistes dans le monde, qui travaillent en permanence à identifier les spécimens qu'on leur envoie de l'étranger. Et encore sont-ils présents dans les régions du monde les plus riches, alors que de nombreux pays en développement, pourtant dépositaires d'une riche biodiversité, n'ont pas cette ressource humaine hautement qualifiée. Dans ce contexte, la méthode du code barres génétique est particulièrement intéressante parce qu'elle est très rapide et standardisée. En laboratoire, avec des appareils de séquençage maintenant très répandus, on peut procéder à des analyses de tout échantillon récolté sur le terrain. Et ceux-ci seront minimaux: une patte d'insectes, un bout de plume, un morceau de nageoire, quelques poils de mammifères suffisent.

* * *

Concrètement, le projet Barcode of Life peut aussi déboucher sur des instruments de diagnostic de nouvelle génération, susceptibles d'être très utiles à tous ceux qui font du travail de terrain sur des animaux ou des plantes. Le principe est d'adapter la technologie des bio-puces utilisées en médecine. «Dans un premier temps, nous envisageons un appareil portatif d'extraction d'ADN, lié à un ordinateur portatif qui permet l'accès à nos banques de données», explique Jeremy De Waard, directeur du laboratoire de Guelph. Dans un second temps, les technologies de communication à distance permettront de faire la lecture instantanée de la séquence d'un échantillon récolté en nature.

Même les simples profanes pourront un jour en profiter. Est-ce que le méchant moustique qui vient de vous piquer appartient à une espèce porteuse du virus du Nil occidental? Même avec un bon livre d'entomologie avec vous, il est possible que vous ne le sachiez jamais. Mais imaginez que vous avez avec vous un petit bidule électronique, que vous introduisez dans une patte du moustique en question et que vous ayez son identification certaine en une seconde? Idem pour les papillons, les fougères et les mousses autour de vous, en fait, pour toute forme de vie qui vous intéresse. Ce luxe de connaissances n'est certes pas nécessaire pour apprécier le vivant et sentir sa magnifique unité, mais du moins traduit-il le stade auquel l'homme est arrivé aujourd'hui dans sa quête de savoir sur ce qui l'entoure. Une connaissance supplémentaire qui crée à l'homme, cet animal doté par chance d'un gros cerveau, une énorme responsabilité de protection.

4. L'hippopotame du Saint-Laurent

Pendant tout l'été, sur la rive nord du Saint-Laurent, à 200 km de Québec, vous pouvez assister à un festival permanent. Chaque matin, sur les quais de Baie-Sainte-Catherine et de Tadoussac, une petite foule de visiteurs monte à bord de navires d'excursion de différentes tailles et part à la chasse à la baleine. Une chasse pacifique où chacun va, jumelles ou appareil photo en bandoulière, prêt à s'exclamer de plaisir. Cela arrive lorsqu'un groupe de bélugas apparaît, longeant parfois le bateau en le lorgnant du coin de l'œil. Ou lorsqu'un rorqual commun surgit soudainement, sa longue tête fendant la vague en premier, puis montrant sa nageoire dorsale, tandis qu'il ondule souplement de ses 20 mètres de long. Ou encore – spectacle plus rare – lorsqu'une baleine bleue, le plus gros animal que la Terre ait porté (plus gros qu'un brontosaure, plus lourd qu'une petite famille d'éléphants!) fait surface plaisamment, son souffle projetant une colonne de 9 mètres de haut, avant de plonger dans un grand claquement de ses énormes battoirs de queue.

Peut-être le miracle est-il que pour le moment, cette armada de bateaux qui va des petits zodiacs aux navires de croisière de 200 passagers ne semble pas trop déranger les baleines. Il est vrai qu'il existe des règlements encadrant la navigation et l'observation, mais la pression touristique ne fait qu'augmenter. L'établissement récent d'un parc national marin à l'embouchure de la rivière Saguenay a aussi contribué à la protection des mammifères marins, mais l'équilibre reste fragile. Selon des études récentes, le dérangement créé par les quelque 300 000 visiteurs par an n'est pas négligeable, les animaux y sont sensibles, s'alimentant moins longtemps lorsqu'ils sont perturbés. Dans le même temps, ces populations locales de baleines, intensément chassées dans le passé, n'arrivent pas à se reconstituer alors que le fleuve est pollué par les activités industrielles en amont. Or, l'embouchure du Saguenay, où les eaux froides de la rivière se mêlent aux eaux salées du fleuve, forme un habitat critique pour plusieurs espèces. Les rorquals, en particulier, trouvent ici une concentration de krill supérieure à tout ce qui existe dans l'océan Atlantique. Quant aux bélugas, ces petites baleines blanches qu'on appelle localement «marsouins blancs», ils aiment fréquenter ces eaux poissonneuses.

Il y a longtemps que je ne suis pas «allé aux baleines», comme on dit. Les grandes foules des dernières années me font un peu peur, même s'il paraît que les excursions à partir de Tadoussac sont encore très agréables. J'ai eu le privilège d'aller observer les bélugas sur le fleuve en zodiac en juin 1982 avec deux jeunes apprentis biologistes. C'était à l'époque où une vive polémique divisait le milieu de la recherche quant au nombre total de bélugas du Saint-Laurent. Dans l'estuaire et dans le golfe, vit en effet une petite population de bélugas, issue des populations situées plus au Nord, mais qui en est aujourd'hui génétiquement séparée. Si l'espèce n'est pas considérée comme menacée au niveau mondial, car elle est assez abondante autour du cercle arctique, il n'en va pas de même pour cette population méridionale. Elle a été décimée par la chasse, qui fut pratiquée légalement jusqu'en 1972, et elle a aussi subi de plein fouet les ravages de la pollution industrielle. Comme le démontreront quelques années plus tard de remarquables études du biologiste Pierre Béland et de ses collaborateurs, des résidus toxiques organochlorés, en particulier, se sont accumulés dans les organes de ces petites baleines, causant diverses formes de maladies, dont des cancers.

Mais en 1982, on ignorait encore tout cela. On ne connaissait même pas la taille exacte de cette population: comptait-elle à peine quelques centaines d'individus, en mauvaise santé et se reproduisant mal, ou bien plusieurs milliers d'individus, en bonne santé et en repeuplement rapide? Il fallait trancher. À cette époque, on effectuait des inventaires par voie aérienne, mais la méthodologie laissait à désirer. Mes deux cicérones n'étaient qu'en deuxième année de biologie à l'université, mais ils croyaient dur comme fer à l'observation directe. Jumelles au poing, ils campaient sur la rive et notaient les déplacements quotidiens des bélugas dans le secteur de

Pointe-Noire. Certains jours, ils sautaient dans un zodiac emprunté et fonçaient vers le large pour les photographier. Leur embarcation se dégonflait lentement, mais pour une sortie d'une heure ou deux en mer, m'avaient-ils déclaré, on ne risquait pas grand-chose.

À mon arrivée au camping, nous avons aussitôt embarqué. Il était cinq heures de l'après-midi, il n'y avait pratiquement pas de vagues. Quelques minutes plus tard, je tournais les yeux en arrière pour mesurer la distance qui nous séparait du rivage, lorsque j'entendis mes deux guides s'exclamer et couper presque aussitôt le moteur. Soudainement, à moins de 300 mètres en avant, les dos blancs apparaissent et disparaissaient. Fascinant! Ils étaient une vingtaine: un groupe de femelles toutes blanches avec des nouveau-nés brun foncé et des jeunes de couleur gris-bleu. Leurs souffles n'étaient pas très visibles, mais dès que le moteur fut coupé, nous les entendîmes distinctement. Nous aperçûmes aussi leurs grosses têtes avec le melon, cette protubérance graisseuse qui leur sert pour émettre ou pour interpréter des sons sous l'eau. Alors que le zodiac se rapprochait sur sa lancée, les bélugas ne s'éloignaient pas. Ils semblaient former un cercle, certains jeunes se pourchassant au centre, les femelles calmes malgré les nouveau-nés accrochés à leur flanc.

«Clic, clic, clic...», mes guides les mitraillaient de photos sans piper mot. Les bélugas soufflaient toujours bruyamment et je me souviens d'avoir soudain senti une odeur de poisson dans l'air – *eh bien oui, c'est évident, qu'est-ce tu crois qu'ils mangent, ces mammifères aux belles dents?* L'autre détail qui me revient est, bizarrement, la flexibilité de leur cou. Je ne m'y attendais pas, mais lorsqu'un de ces corps fuselés de cinq mètres de long s'arrêta en plein élan et tourna la tête vers l'arrière, vers nous en fait, je fus frappé de voir le cou qui tournait, cette grosse tête qui semblait nous observer, légèrement inclinée et clairement mobile. J'eus aussi l'impression d'un regard en coin un peu curieux et vaguement ironique. Bientôt, le cercle se dissipa et les bélugas se dirigèrent vers le large, sans hâte. Nous les suivîmes en bateau quelque temps, mais la magie d'avoir été si près était rompue. Et le zodiac se dégonflait à vue d'œil... il était temps de revenir.

* * *

Au Moyen Âge, on croyait encore que les baleines étaient de gros poissons. Pourtant, certains savants de l'Antiquité avaient été clairvoyants. Aristote, notamment, avait conclu que ces animaux qui respiraient de l'air et allaitaient leurs petits ne pouvaient pas être des poissons et il les avait classés à part. Au 18e siècle, la question était tranchée et les naturalistes les considéraient comme des mammifères marins. Ils les avaient regroupés dans l'ordre des cétacés, comprenant le sous-ordre des baleines à dents, les odontocètes, et celui des mysticètes, les baleines à fanons.

Ce qui était beaucoup plus obscur était la question de leur origine. Certains prétendaient que les baleines étaient les ancêtres aquatiques de tous les mammifères terrestres. Pour d'autres, ce n'était pas le cas: les baleines descendaient d'animaux qui avaient vécu sur terre et s'étaient adaptés au milieu aquatique marin. En 1859, dans *L'origine des espèces*, Charles Darwin avait suggéré que cette hypothèse était la bonne, sans offrir pour autant de preuves concluantes. Or, à la même époque les paléontologues allaient de découverte en découverte, exhumant des fossiles d'animaux aquatiques étranges, certains ayant de nombreux points en commun avec les cétacés. La plus connue de ces espèces fossiles était le *Basilosaurus*, dont on avait trouvé un squelette partiel en Louisiane en 1832. Le contexte géologique suggérait que cet animal très allongé, doté de petites pattes, vivait il y a environ 40 millions d'années. Un reptile géant des mers, avaient avancé certains. Non, une baleine primitive, avaient tranché d'autres, sur la foi de fossiles semblables trouvés en Europe. Cette profusion de fossiles obscurcissait le débat sur l'origine des baleines. Il a fallu que William Flower entre en scène pour qu'on commence à y voir un peu plus clair.

Spécialiste des mammifères, Flower s'était illustré aux côtés de Thomas Huxley dans sa bataille contre Richard Owen, l'ennemi juré de Darwin. Il avait été le premier à disséquer un panda, il avait examiné en détail des quantités d'animaux, mais il avait fait sa marque dans l'étude sérieuse des cétacés, qu'il courait voir sur tous les continents. À la fin de sa vie, il s'est mis à réfléchir à l'origine des cétacés et il a publié en 1883 un long article intitulé *On whales, past and present, and their probable origin*. Dans ce texte, délaissant la discussion sur le *Basilosaurus* et les autres fossiles d'espèces disparues, Flower opère une rupture par rapport aux discussions de l'époque, en se concentrant sur l'anatomie comparée des baleines et des autres mammifères actuels.

Il commence par discourir des formes générales et des proportions, puis il fait remarquer que les baleines gardent les os de l'oreille des mammifères terrestres, même si elles ne s'en servent pas de la même manière. Il passe ensuite aux évents, qui ressemblent anatomiquement à des narines, bien que selon lui les baleines ne peuvent pas sentir. Il poursuit en montrant que chaque nageoire de baleine est faite des mêmes trente os qu'on retrouve dans les membres antérieurs des mammifères terrestres, avec les mêmes articulations, sauf que celles-ci sont figées chez la baleine, à l'exception d'une. Il montre aussi que les baleines gardent dans leur squelette des vestiges de ce qu'était le bassin (le pelvis) et le fémur (os de la cuisse) d'ancêtres terrestres et quadrupèdes. Dès lors, dans sa démonstration parfaitement darwinienne, il cherche une parenté plausible amenant ces animaux de la terre à la mer. Il procède par élimination – par exemple, il écarte l'idée que les phoques soient les plus proches cousins des baleines, à cause de la manière dont ils utilisent leurs pattes postérieures.

Dessinant littéralement l'ancêtre plausible, il penche pour un animal semi-aquatique à peau lisse et épaisse.

> Nous pouvons conclure, écrit-il, en nous représentant un animal primitif des marécages, avec peu de poils comme les hippopotames modernes, mais avec une large queue natatoire et des membres courts, un omnivore dont l'alimentation combine des plantes aquatiques avec des vers, des moules et des crustacés d'eau douce. Un animal devenant progressivement de plus en plus adapté à remplir le vide laissé dans la partie aquatique des rivages qu'il fréquente, se transformant petit à petit en une créature ressemblant à un dauphin habitant les lacs et les rivières et trouvant finalement sa place dans l'océan.

Suite à quoi, soutient Flower, la voie était libre pour la diversification qu'on observe aujourd'hui :

> Favorisés par des conditions variées de température et de climat, une abondance de nourriture, la quasi-absence d'ennemis mortels et des espaces illimités où se répandre, ces mammifères ont subi les multiples modifications

aboutissant aux cétacés d'aujourd'hui. Ce faisant, ils ont atteint les tailles colossales qui, on le sait, n'étaient pas l'apanage de ce groupe d'animaux par le passé[10].

* * *

L'idée que les baleines étaient des hippopotames des mers, d'anciens mammifères terrestres ayant envahi le milieu marin – une idée révolutionnaire pour l'époque – a connu un modeste succès du temps de William Flower, mais elle est rapidement tombée dans l'oubli au début du 20e siècle. Le principal problème était celui qui hante les études paléontologiques : où sont les formes intermédiaires ? Quel est l'ancêtre commun et de quand date la divergence entre les deux groupes ? Comment passe-t-on des archéocètes (le mot que Flower avait donné au groupe des baleines primitives comme le *Basilosaurus*) aux baleines modernes ? Pourquoi certaines baleines ont-elles des dents et d'autres, des fanons, c'est-à-dire de longues lames verticales faites de kératine, qui permettent de filtrer la nourriture ? Mystère et boule de gomme !

Sautons quelques étapes. Il y a bien eu quelques percées provenant des paléontologues – nous y reviendrons – mais ce sont les biologistes moléculaires qui, à la fin des années 1980, en comparant directement les gènes des baleines à ceux d'autres mammifères, ont relancé de manière significative le débat. En utilisant les méthodes modernes auxquelles nous avons fait allusion au second chapitre, ils ont construit des arbres phylogéniques. Et ils sont arrivés à des conclusions assez convaincantes. Dans leurs analyses, les baleines se révélaient comme étant strictement apparentées aux artiodactyles, c'est-à-dire les mammifères ongulés qui ont un nombre pair de sabots, comme les porcs, les bœufs, les chameaux, les chevreuils... et les hippopotames. En fait, plusieurs études les classaient parmi les artiodactyles.

En 1997, John Gatesy, de l'Université de l'Arizona, publia des résultats plus détaillés. Cette fois, les baleines se révélaient être, à l'intérieur des artiodactyles, les animaux les plus proches des hippopotames. Dans l'outre-tombe, William Flower pouvait danser la gigue : son idée

---

10. William Flower, «On Whales, Past and Present, and Their Probable Origin», *Notices of the Proceedings of the Royal Institution of Great Britain*, 1883, 10, p. 375.

triomphait enfin, 114 ans après qu'il l'ait défendue publiquement. Les baleines descendaient bien d'animaux ressemblant à des hippopotames qui s'étaient progressivement aventurés dans les océans.

Était-ce la fin d'une longue polémique? Pas encore. Tant que les paléontologues n'avaient pas déterré les véritables ancêtres de ce groupe de mammifères et trouvé les traces de leur expansion sur la planète, on ne pouvait pas tenter une histoire évolutive des baleines. Or, les fossiles manquaient toujours cruellement à l'appel à la fin des années 1970. Mais bientôt, un jeune chercheur américain nommé Philip Gingerich allait mettre de l'ordre dans ce casse-tête.

Après avoir passé quelques années dans le Wyoming à exhumer des fossiles d'ongulés et de rongeurs, Gingerich s'était trouvé un nouveau terrain de chasse, le Pakistan. Un peu loin de son université du Michigan, mais assez logique pour quelqu'un qui cherchait les origines de ces mammifères. Lorsque le sous-continent indien était entré en collision avec l'Asie, formant l'Himalaya, la mer de Téthys avait reculé. Gingerich se trouvait à explorer les rivages nord-est de cette immense mer disparue. En 1979, près d'un village nommé Chorlakki, son équipe dénicha une série de fossiles d'artiodactyles et de rongeurs dans des roches vieilles d'environ 50 millions d'années. Et puis, au milieu de tout cela, le crâne d'un animal de la taille d'un coyote, avec de belles rangées de dents. En dessous du crâne, une structure osseuse qui ressemblait à la coquille protégeant les os de l'oreille interne des baleines, le tout était fixé par un petit os caractéristique en forme de S, que seules les baleines possèdent.

Une reconstruction du *Pakicetus* basée sur son squelette. Illustration de Carl Buell, tirée de http://www.neoucom.edu/Depts/Anat/Pakicetid.html.

Gingerich et Donald Russell, du Musée d'histoire naturelle de Paris, nommèrent leur découverte *Pakicetus*. Selon eux, c'était une baleine primitive, vivant dans des eaux peu profondes, il y a 49 millions d'années. Les années suivantes, le paléontologue américain revint et trouva d'autres fossiles de *Pakicetus*, mais bientôt le Pakistan, en proie à des troubles ethniques, ferma ses portes aux chercheurs. Gingerich mit alors le cap sur les déserts à l'ouest du Nil en Égypte, où on avait trouvé une grande quantité de fossiles de *Basilosaurus*, ainsi que des fossiles d'un animal qui était peut-être apparenté et qu'on avait baptisé *Dorudon atrox*. Mais on n'arrivait pas à dater ces fossiles avec exactitude, ni à faire des comparaisons anatomiques utiles.

Jusqu'au jour où Gingerich trouva un squelette plus complet de ce *Dorudon*, avec, en place, près de la 48e vertèbre, un petit pelvis; juste à côté, un fémur, un genou et un tibia, soit une patte complète. Trop petites pour se comporter comme une patte fonctionnelle, ces structures étaient manifestement des vestiges d'anciens membres postérieurs. Pour Darwin, l'existence de membres vestigiaux était une des meilleures preuves de l'évolution (si Dieu avait créé toutes les espèces comme elles apparaissent maintenant, arguait-il, pourquoi aurait-il commis ces erreurs qui ne font pas sérieux?).

On avait donc affaire à un mammifère dont les ancêtres avaient vécu sur la terre ferme et qui était «retourné» à l'eau. Le schéma évolutif se précisait: de *Pakicetus*, mammifère à longue tête et nageur à quatre pattes, on passe à *Ambulocetus* au corps plus allongé et aux pattes plus courtes. Puis à *Rodhocetus* (découvert en 2001 par l'équipe de Gingerich au Pakistan) qui déjà ressemble à un gros dauphin; il possède par ailleurs un petit os, l'astragale, très caractéristique des artiodactyles. On passe enfin à *Basilosaurus* et *Dorudon*, préfigurant les baleines modernes. Un buisson évolutif se dégageait et il avait tous les atouts pour former la véritable «lignée» (ce mot est trompeur, mais gardons-le tout de même) des baleines. Il manifestait une expansion remarquable: il s'étalait entre 55 millions d'années et 38 millions d'années avant notre ère et couvrait les rivages occidentaux et orientaux de la mer de Téthys aussi bien que le continent nord-américain.

* * *

HIPPOPOTAMES, PORCS ET BALEINES

Et les hippopotames, dans cette histoire, quand se sont-ils séparés des baleines? Pour cela, il faut se référer aux travaux de Jean-Renaud Boisserie *et al.*, rapportés dans la revue *PNAS* en 2005. Examinant soigneusement les données paléontologiques et génétiques, les auteurs en arrivent à la conclusion que les baleines et les hippopotames avaient un ancêtre commun vivant dans l'eau il y a 55 millions d'années et que deux groupes en sont issus: les premiers cétacés, qui ont quitté la terre pour devenir totalement aquatiques, et un groupe d'animaux à quatre pattes, les anthracothères, qui ont disparu il y a moins de deux millions et demi d'années en laissant un seul descendant: l'hippopotame. Cette étude détaillée et convaincante élimine toute parenté proche des baleines avec les suidés, la famille du porc, et réconcilie enfin les données fossiles et moléculaires.

Septembre 2005. Je suis sur la côte nord du Québec, pour un reportage sur le réchauffement climatique et l'érosion côtière. Un beau midi, je me retrouve sur une dune face au golfe du Saint-Laurent, délaissé par mes collègues de *Découverte* qui sont partis en hélicoptère filmer la côte. Je les attends avec l'auto. Et un sandwich, privilège du laissé-pour-compte. Le temps est beau, la mer est calme. Je la contemple, parce qu'il y a toujours un sentiment de liberté dans cet horizon ouvert, mais en fait, il n'y a rien à voir. Pas de bateaux, pas de planches à voile, pas de nageurs. Ici, c'est le bout du monde. Il y a 100 ans, il n'y avait pour ainsi dire que des Amérindiens. Le premier village, Mingan, est à 15 kilomètres. Devant moi, c'est aussi désert que par derrière, une forêt d'épinettes rabougries, traversée par une piste de sable que j'ai eu bien du mal à trouver malgré les indications du pilote d'hélicoptère.

Et donc, il ne se passe rien... Mais tout à coup, j'aperçois une ligne noire mouvante sur la mer. Une baleine! Elle a une dorsale en forme de faucille, bien proéminente. Je pense d'abord à un rorqual commun, mais je me ravise en voyant sa taille. Bien que la baleine soit assez loin, je ne lui donne pas plus de 7 ou 8 mètres de long: c'est plutôt un petit rorqual. Il nage en ligne droite, en surface, vers l'est. Je cherche à voir son souffle, à repérer son évent, mais il est trop loin pour que je puisse distinguer (plus tard, armé du guide de Richard et Prescott, ce détail me convaincra que c'était bien un petit rorqual : son souffle est souvent peu visible, contrairement à celui du grand rorqual).

Tout à coup, il arque son dos, je vois nettement sa dorsale au milieu, puis il disparaît en plongée, sans avoir montré sa queue. J'ai beau scruter la mer, je ne le vois pas réapparaître. Fin d'une rencontre éphémère avec un confrère mammifère... À cette latitude et à cette période de l'année, ce n'est pas un spectacle rare dans le golfe du Saint-Laurent. Outre les bélugas et les petits rorquals, les plus abondants, on peut apercevoir des rorquals à bosse, des rorquals bleus, des baleines noires, des baleines boréales, des globicéphales noirs, et – plus rarement, il est vrai – des cachalots et des épaulards.

Le petit rorqual solitaire et discret que j'ai aperçu près de Mingan possédait des fanons et non des dents – encore qu'il ne m'ait pas permis d'admirer son impressionnante rangée, selon Richard et Prescott, de «270 à 348 fanons blancs jaunâtres qui mesurent de 15 à 30 cm de longueur». Les fanons sont la caractéristique du groupe de cétacés appelés mysticètes, qui les oppose au groupe des baleines à dents ou odontocètes, auquel appartient le béluga. Des recherches ont montré que la séparation entre les deux groupes aurait eu lieu il y a environ 15 millions d'années. Une durée suffisamment longue pour voir apparaître cette adaptation particulière à des proies différentes, et une expansion dans toutes les mers accessibles du globe pour ces gros animaux. Grâce aux «autoroutes» océaniques, les baleines sont en effet les seuls grands mammifères, à part l'homme, qui soient présents dans toutes les grandes régions du monde.

Au passage, il est intéressant de remarquer comment les traits hérités d'un ancêtre commun avec l'hippopotame ont pu aider ces animaux dans leurs adaptations ultérieures. On ne le saura jamais avec certitude, faute de spécimens vivants, mais supposons que ces baleines primitives ont notamment hérité d'une peau lisse et épaisse, d'une épaisse couche de gras sous-cutané et d'une ouïe très développée, trois caractéristiques qu'on retrouve chez l'hippopotame moderne. Manifestement, ce sont de précieux atouts pour faire face à des climats rigoureux, comme celui de l'Arctique. Ici, ce n'est peut-être que pure spéculation de ma part, mais je me risque dans une observation supplémentaire : ayant lu dans un article scientifique que le lait maternel d'un béluga est huit fois plus riche que celui d'une vache, j'ai vérifié, et cherché de l'information sur le lait d'*Hippopotamus amphibus*, l'«hippo» moderne. J'ai découvert que ce lait était effectivement considéré comme très riche, en tout cas beaucoup plus gras et plus vitaminé que celui des animaux un peu plus éloignés des hippos, mais partageant le même environnement, soit les sangliers et les phacochères africains. Simple coïncidence? Peut-être pas, après tout...

* * *

Finalement, en quoi est-ce important d'établir que les cétacés sont les plus proches parents des hippopotames? Pour les spécialistes, la question ne se pose pas, parce qu'ils perçoivent clairement l'importance de bien comprendre l'histoire évolutive des mammifères et qu'ils sont dans une course au savoir. Dans cette quête, beaucoup d'entre eux manifestent d'ailleurs une joie qu'on pourrait qualifier d'existentielle, quasiment une jubilation intellectuelle, qui est leur récompense. Toutefois, si on s'en tient à l'avancement des sciences, la réponse à la question posée plus haut est très simple. Lorsqu'à travers de patientes et rigoureuses recherches émerge une vision nouvelle de l'évolution des baleines, bousculant les généalogies établies et offrant des perspectives nouvelles pour comprendre le vivant, l'accomplissement n'est pas mince. Il y a de quoi susciter de belles discussions professionnelles et attirer une relève de jeunes chercheurs.

Le second niveau de réponse me semble aussi assez simple et permet d'élargir la discussion. Au-delà du cercle des biologistes et des paléontologues, il est clair qu'on ne peut comprendre la diversité actuelle du monde vivant – et les menaces qui pèsent sur elle –, que dans une perspective évolutive. Cette tâche, commencée avec Charles Darwin il y a 150 ans, n'est pas achevée et elle est d'une actualité brûlante. Et cela, d'abord à cause de la pression grandissante des actions humaines sur les écosystèmes terrestres. Mais aussi, à cause de la contestation de la science de l'évolution qui se manifeste au sein des mouvements religieux fondamentalistes, un phénomène très apparent en ce moment aux États-Unis. Lorsque la pensée créationniste (qui enseigne donc que le monde a été créé par Dieu avec un nombre déterminé d'espèces, espèces qui n'évoluent pas) a le vent dans les voiles dans le pays le plus puissant du monde, il y a de quoi s'inquiéter. Surtout lorsque ce mouvement ou son avatar moderne nommé *Intelligent Design*, marquent sans cesse des points dans la génération montante, en évinçant l'enseignement de la science de l'évolution dans les écoles et en tentant d'imposer le récit biblique à sa place.

Pour mettre les choses en perspective, rappelons que, selon un sondage de CBS d'octobre 2005, 51% des Américains croient que Dieu a créé l'homme tel qu'il est aujourd'hui; 30% pensent que l'homme a évolué, mais que Dieu a supervisé le processus; seulement 15% estiment que l'homme de Cro-Magnon a évolué sans intervention divine. Lorsque l'Amérique profonde est en croisade anti-évolutionniste, les conséquences pourraient être durables. À titre d'exemple, l'administration Bush a déjà commencé à reléguer au niveau de «priorité zéro» les actions de conservation tant au plan national qu'international.

À la question posée plus haut, j'aimerais offrir un troisième niveau de réponse, sur un registre qu'on peut qualifier de plus existentiel, mais qui est susceptible, je crois, de toucher chacun d'entre nous. Dans le fond, la parenté des animaux nous renvoie à notre propre parenté avec eux et à la solidarité de nos destins d'animaux. En ce qui me concerne, j'ai réalisé cela il y a bien longtemps, lorsque je me suis retrouvé face à face avec un dauphin.

C'était en Bretagne, près d'un village de la pointe du Raz d'où vient ma famille. Avec deux amis, nous étions partis en canot à moteur explorer une baie à la recherche de plies, des poissons que nous attrapions avec un fusil sous-marin ou avec un long trident. Avec notre équipement de base – tuyau, masque et palmes –, nous nagions dans des eaux de trois à quatre mètres de fond, alternant les passages en surface et les plongées en apnée, lorsqu'un dauphin a surgi des profondeurs. Immense à mes yeux, il s'est immobilisé un instant, puis il a décrit un arc de cercle autour de nous. Sur le moment, j'ai figé, mais ma peur n'a été que de courte durée, car durant le trajet en canot, nous l'avions aperçu un peu plus loin. Bien que les dauphins se tiennent principalement au large, il arrive qu'ils entrent dans des baies d'eaux peu profondes. Celui-là était manifestement curieux. Après nous avoir bien observés, il a effectué un second tour autour de nous, puis d'un coup de queue puissant, il s'est éloigné dans les profondeurs.

C'est alors que j'ai saisi à quel point le dauphin était adapté à son élément liquide et à quel point je ne l'étais pas. Comme moi, ce mammifère respirait à l'aide de poumons et il devait faire surface régulièrement pour faire le plein d'air frais. Mais il pouvait plonger bien plus longtemps que moi. Son corps effilé lui permettait de glisser et de faire des dizaines de kilomètres dans la mer sans se fatiguer, atteignant une vitesse à laquelle je ne pourrais jamais aspirer. Je souffrais rapidement du froid, même en plein été, et c'est pourquoi je portais une combinaison étanche, alors que lui s'en moquait. Sous l'eau, j'étais presque sourd, tandis que lui pouvait entendre toutes sortes de sons inaudibles à mon oreille. Il voyait sans doute bien mieux que moi avec ce masque ridicule. Il pouvait se diriger par écholocation, et communiquer avec ses semblables par des sons qu'il émettait, des sortes de cliquetis. Et il pouvait atteindre des profondeurs hors de ma portée, même avec un équipement beaucoup plus conséquent que celui que j'avais ce jour-là.

Pourtant, nous étions manifestement parents. La forme de notre squelette, le fonctionnement de nos organes, notre mode de reproduction, tout cela était assez semblable. Membres de deux espèces fréquentant un habitat marin fait de centaines d'espèces que nous dominons en tant que grands mammifères, nous pouvions nous faire un clin d'œil au passage. Nul doute qu'il appréciait les plies que je chassais ce jour-là, et encore plus les maquereaux, les bars et les crevettes que les pêcheurs de la région recherchaient chaque jour.

Dans ce ballet du vivant, lui et moi sommes au sommet de la chaîne alimentaire. *A priori*, nous craignons peu les prédateurs. Mais ici, force est de constater que le contrat est inégal. Mon espèce n'est pas menacée par la sienne, ni aucune de sa famille, tandis que tous les cétacés sont menacés par l'homme (voir encadré). Si le dauphin n'est plus chassé sur les côtes de l'Europe occidentale, il meurt parfois empêtré dans les filets de pêche. Ailleurs dans le monde, notamment au Japon, au Pérou et au Chili, on le chasse encore, malgré son statut d'espèce protégée. Sur ce point, l'homme pèse de manière encore plus lourde sur ses cousins directs, les hippopotames. Ces animaux sont aussi tués pour leur viande, et leur habitat diminue continuellement à cause de la déforestation. À Madagascar, au moins trois espèces d'hippopotames ont disparu au cours de l'histoire récente.

UN CONTRAT INÉGAL

Depuis 1986, à la suite d'un moratoire international, on ne peut normalement pas chasser les grandes baleines sur le globe. Cependant, le Japon, la Norvège et l'Islande continuent à chasser ces baleines. Le Japon tue chaque année plus de 1200 de ces animaux sous couvert de «recherches scientifiques». Par ailleurs, ce pays tente depuis 15 ans d'acheter le vote de petits pays à coups de promesses d'aide afin d'obtenir la reprise de la chasse. En juin 2006, il a réussi à rassembler une majorité de votes au sein de la Commission internationale de chasse à la baleine pour faire voter une résolution condamnant le moratoire. Les défenseurs du *statu quo ante* ont encore plusieurs recours possibles, mais c'est un recul évident pour la conservation et cela illustre la fragilité de la protection de ces espèces.

Dans le fond, comprendre ces relations du vivant interpelle notre sens des responsabilités, à nous, humains. Notre relation historique de prédation, voire de massacre délibéré de ces espèces et de leur habitat est dramatique, mais malgré tout, je ne crois pas que cette situation soit une fatalité. Prendre conscience de la manière dont tout est lié et interdépendant dans le vivant me semble une des voies royales pour en arriver à agir de manière responsable. D'abord, au niveau individuel, puis de manière collective. Le constat est simple : en vertu de notre héritage commun, de notre position dans le vivant et du milieu que nous partageons, notre sort est intimement et indéfectiblement lié à celui des cétacés et à celui des hippopotames. Lorsqu'on sait cela, on les voit différemment. Salut, les cousins !

DEUXIÈME PARTIE

Kit fourni, assemblage requis

5. Les révélations de la mouche et du papillon

Un après-midi de juillet, dans le Vaucluse. La chaleur est lourde, nous sommes réfugiés à l'ombre du grand buis dans le jardin. C'est le temps des confitures d'abricots. Hier, je suis allé chercher deux cageots chez un voisin agriculteur. Les fruits sont mûrs, ils vont faire une bonne confiture épaisse, que nous trufferons d'amandes écrasées grâce à un système révolutionnaire, une petite presse qui sert d'habitude à faire des encadrements. Nous préparons la confiture selon une vieille recette qui nécessite de faire macérer pendant 24 heures au préalable les couches d'abricots fendus en deux, alternées avec les couches de sucre.

Nous avons bien fait tout cela patiemment et mis la bassine dans un endroit frais, mais j'ai oublié de jeter les fruits trop mûrs ou abîmés que nous avons rejetés. Si bien que le lendemain, je retrouve ce petit tas de fruits pourrissants envahi par les mouches et les abeilles. Je remarque aussi quelques mouches beaucoup plus petites et plus claires, dont les larves devaient être dans ce cageot que je n'ai pas jeté, et qui vient des caves de mon voisin. Il y en a peu, mais ce sont bien des mouches à fruit – en français, on dit plutôt «mouche du vinaigre» – ce qui n'est pas une surprise dans les circonstances.

Un instant, je cligne des yeux et je vois défiler en imagination une longue collection de mouches mutantes, certaines aux yeux rouges, d'autres avec des ailes supplémentaires, d'autres encore avec des pattes à la place des antennes. Mais non, ces mouches-là semblent normales, bien que je ne puisse pas distinguer ces détails. Il faudra que je me méfie... peut-être que j'ai un peu trop forcé sur le mousseux hier soir? En fait, non, je sais quelle est l'origine de ces fantasmes visuels: c'est une réminiscence des mouches mutantes, les fameux «monstres prometteurs» de Bateson et de Goldschmidt.

En effet, c'est en étudiant les mutations chez la modeste mouche du vinaigre ou drosophile, il y a un peu plus de cent ans, qu'on a découvert les bases génétiques de la formation des animaux. Le grand nom du domaine est l'Anglais William Bateson. Fasciné par les mutations qu'il découvrait dans ces mouches, Bateson les a étudiées sans relâche. C'est lui qui a forgé le mot homéotique, du grec *homeos*, signifiant similaire. Il s'applique à des organismes mutants dans lesquels une partie du corps s'est transformée en une autre : une patte à la place d'une antenne sur la tête, par exemple. Bateson voulait montrer que ces étrangetés de la nature formaient la base du changement évolutif.

Quelque 50 ans plus tard, le généticien allemand Richard Goldschmidt poussera cette idée un cran plus loin en postulant que ces monstres sont le point de départ de nouvelles espèces ; il parlera de ses « monstres prometteurs ». En réalité, nous savons aujourd'hui que ces cas d'exceptions sont des inadaptés destinés à être éliminés par la sélection naturelle, qui généralement donc ne transmettent pas leurs gènes. Si bien qu'au premier niveau, l'idée que ces mutants soient des « monstres prometteurs » n'est pas fondée, mais elle a ouvert la voie à l'embryologie moderne et au rôle du développement dans l'évolution. Derrière ces mutants, on a découvert des gènes qui avaient des effets sur la forme du corps des animaux. Et 75 ans plus tard, on a mis à jour des mécanismes subtils concernant des animaux apparemment très dissemblables. Dans cette nouvelle vision du vivant, comme nous allons le voir, nous devons beaucoup à la modeste mouche à fruit. Si minuscule, si loin de nous en apparence... mais si proche. Vive la confiture qu'on fait en groupe les soirs d'été et vive la drosophile pour ses révélations sur le vivant !

* * *

Les « monstres prometteurs » sont longtemps restés un mystère scientifique. On en trouvait partout dans le monde animal, et ils étaient effrayants – des moutons à un œil, des poulets sans ailes, des grenouilles à six pattes – mais on ignorait la cause de ces formes aberrantes. Mais bientôt les chercheurs ont été capables d'en fabriquer en laboratoire, en exposant des embryons à des substances chimiques ou en les manipulant physiquement. Ils ont alors compris que certains gènes jouaient un rôle particulier à cet égard, mais il a fallu attendre le développement de nouvelles techniques de laboratoire dans les années 1970 pour y voir vraiment clair. Les chercheurs ont alors identifié deux séries de gènes, groupés sur le troisième chromosome de la mouche à fruit, qui semblaient gouverner son développement, de la formation initiale de l'embryon jusqu'à l'insecte adulte.

La première série, nommée complexe *antennapedia*, contient cinq gènes qui affectent le développement de la partie antérieure du corps de la mouche, tandis que la seconde série, le complexe *bithorax*, contient trois gènes qui affectent la partie postérieure. En 1983, on a nommé ces séquences de 180 nucléotides *homeobox* ou boîte homéotique et les gènes correspondant *gènes homéotiques*. Les protéines produites par ces gènes comptent donc régulièrement 60 acides aminés.

Résumons. Voilà une série de gènes gouvernant le développement des régions du corps de la fameuse mouche, alignés sur un seul chromosome dans l'ordre de l'axe du corps, des antennes au petit bout terminal de l'abdomen. Comme les protéines correspondantes étaient très semblables, on pouvait supposer qu'elles avaient une fonction commune, mais laquelle? On s'est alors rendu compte qu'elles avaient le même mécanisme d'action que certaines protéines déjà connues. Elles agissent comme des commutateurs, des *genetic switches* posés sur l'ADN : ouverts, ils déclenchent l'expression d'autres gènes ; fermés, ils ne les affectent pas. L'exemple typique, découvert par les chercheurs français François Jacob et Jacques Monod dans les années 1960, est une protéine contrôlant le métabolisme du lactose chez la bactérie *E. coli*. En absence de lactose, la protéine empêche la transcription d'un gène, tandis qu'en sa présence, elle déclenche le commutateur et un enzyme dégradant le lactose est immédiatement produit.

Et voilà! La fonction des protéines de la boîte homéotique est d'agir comme des commutateurs lors du développement de l'animal. C'était la raison pour laquelle elles gouvernent la formation de structures telles que les antennes, les yeux, les pattes et le thorax,

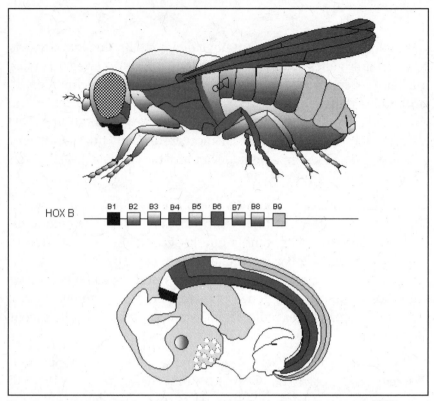

HOX B   B1 B2 B3 B4 B5 B6 B7 B8 B9

Une mouche, une souris (sous forme d'un embryon): deux animaux très différents, mais les mêmes gènes homéotiques gouvernent la construction de leur corps.
D'après Alain Gallien, Académie de Dijon, http://svt.ac-dijon.fr/schemassvt/sommaire.php3

bien qu'étant sur des gènes différents. Contrairement à ce que tout le monde supposait, l'équipe de Walter Gehring à Bâle se mit à trouver des boîtes homéotiques chez toutes sortes d'animaux. Des insectes, des amphibiens, des vertébrés, des petits comme des gros: des souris, des vaches... et des hommes. Il fallait toutefois que tous ces animaux présentent une symétrie bilatérale. Les séquences des 60 acides aminés étaient tellement semblables (avec à peine deux différences entre la drosophile et la souris) que c'en était stupéfiant. Cela signifiait que des organismes séparés depuis plus de 200, voire 500 millions d'années en ce qui concerne les insectes et les gros mammifères, avaient conservé les *mêmes gènes homéotiques*. Plus encore, l'ordre d'activation de ces gènes au cours du développement était le même dans ces espèces pourtant éloignées. La manière de s'en servir était la même. Ces gènes dits régulateurs révélaient la profondeur de l'unité du vivant.

Et ce n'était pas les seuls gènes de ce type. Dans la foulée, les chercheurs du laboratoire de Gehring avaient déniché un gène remarquable. Sa mutation causant la perte des yeux chez la mouche, ils l'avaient nommé *eyeless*. C'était intrigant, parce qu'il était semblable à un gène connu chez l'homme pour causer une diminution de l'iris quand il est muté, *aniridia* et qu'il était semblable au gène baptisé *smalleye* chez la souris. Était-ce un autre gène de structure? Étant donné qu'il existe une quarantaine de types d'œil dans le vivant, cela semblait difficile à croire... il y a trop de différences entre un œil d'insecte et un œil humain, par exemple, pour penser qu'ils partagent la même structure de base. Mais en quelques expériences élégantes, Walter Gehring et ses concurrents américains firent voler ce dogme en éclats. Non seulement les gènes *eyeless, aniridia,* et *smalleye* étaient-ils semblables et répandus dans le monde animal sous le nom de *Pax-6*, mais ils étaient indispensables à la formation de tous ces types différents. S'ils subissent une mutation, l'œil ne peut se former ou se forme mal. On ne pouvait plus penser à 40 inventions indépendantes, mais à une seule, ayant probablement eu lieu chez un ancêtre commun de tous ces animaux. Pour prendre une comparaison, on avait affaire, comme en jazz, à 40 interprétations du même morceau suivant la même grille d'accords, mais pas à 40 partitions différentes!

Bientôt, d'ailleurs, Pax-6 fut rejoint par toute une série de «petits frères», des gènes indispensables à la formation correcte d'autres organes, comme le cœur – la mouche possède un tel gène, même si elle n'a qu'un cœur tubulaire; il est nommé *tinman* (cette fois, bel effort d'imagination, ce nom vient d'un personnage du roman *Le Magicien d'Oz* qui n'a pas de cœur). Ce gène serait le précurseur du système génétique indispensable à la formation d'un cœur complexe. Dernier exemple: le gène *distal-less*. Lorsqu'il est muté, il provoque une modification des membres terminaux. Les mouches à fruit n'ont plus de pattes, les nageoires des poissons sont atrophiées, les oursins ont des appendices rabougris, tout comme les lapins, les souris, bref, tous les mammifères de laboratoire testés.

La révélation qui résume tous ces travaux est capitale: l'ensemble du développement, notamment la formation des organes et des membres sur les différents axes du corps, est placé sous l'action d'un petit nombre de «gènes régulateurs» ou gènes architectes, qui sont très puissants. Par ailleurs, il existe une recette génétique de base pour fabriquer chaque type d'œil, de cœur, de membre.

* * *

Le lendemain, après avoir mis en pot nos confitures, nous partons faire un pique-nique dans les environs. Dans le coin de campagne accablé de chaleur où est située notre maison familiale, sur le flanc du mont Ventoux, c'est un de nos remèdes favoris : monter dans la montagne et aller respirer l'air plus frais de la forêt. Nous le faisons régulièrement et nous aimons bien cette balade qui part de la source du Grozeau pour grimper à travers une pinède sur la montagne de Piaud. Il faut de bonnes chaussures pour affronter un sol très caillouteux, un chapeau et beaucoup d'eau, mais le résultat en vaut la peine.

La piste, raide dès le début, serpente parmi les pins d'Alep et les chênes verts.

Nous grimpons au pas lent de l'âne, les oreilles bourdonnantes du chant des insectes, attentifs aux endroits où nous mettons les pieds. Jean-Henri Fabre, le grand naturaliste de la région, que je lis à petites doses chaque fois que je séjourne ici, voit dans ces sentiers :

> [...] une interminable couche de calcaire fragmenté par écailles qui fuient sous les pieds avec un cliquetis sec, presque métallique. Les cascades du Ventoux sont des ruissellements de pierrailles ; le bruissement des roches éboulées y remplace le murmure des eaux[11].

Bientôt nous atteignons la première crête dégagée, un gros rocher parsemé de buis rabougris et de genévriers. C'est le moment d'une vraie pause. Tout près, il y a quelques plantes à fleur autour desquelles des papillons blancs volètent. Marie-Éve, qui a dénoué le foulard en tulle enroulé dans sa chevelure, cherche à en capturer un. Peine perdue, ils sont trop vifs. Mais, alors qu'elle lance son foulard une dernière fois, comme diraient mes amis anglophones, «elle frappe un joli morceau de chance» : un grand papillon blanc se retrouve piégé sous le foulard déployé au sol. Je m'approche et, contrairement

---

11. Jean-Henri Fabre, *Souvenirs entomologiques*, livre 1, p. 233.

à toute attente – car je ne connais pratiquement rien aux papillons –, il me semble que je suis capable de l'identifier. Il a des ailes blanches, avec des taches d'un rouge vif, cerclées de noir: ce doit être un Apollon. La raison de mon assurance, c'est que Jean-Henri Fabre, encore lui, le décrit précisément (par contre, j'ai retenu que c'est un papillon du sommet du Ventoux, et là, nous

Ocelles du papillon Apollon (*Parnassius apollo*).

sommes bien en dessous, à peine à 1 200 mètres d'altitude, si bien que je crois qu'il est possible que je me trompe. Toutefois, quelques jours plus tard, un naturaliste du coin m'ayant assuré qu'il existe aussi des populations vivant plus bas dans la montagne, mon identification de *Parnassius apollo* doit être valable).

Nous l'examinons de plus près. Il est magnifique dans sa livrée blanche, avec des bandes et des petites taches noires sur les ailes supérieures. Sur les ailes inférieures, de grosses taches rouge carmin attirent le regard, deux petites en haut et deux grosses vers le bord inférieur (elles ressemblant à des pseudo-yeux, ce qu'on appelle des ocelles). Mais dans le cas de notre spécimen, l'aile droite n'est pas complète, elle semble avoir été arrachée en partie, il ne reste que le cercle noir supérieur de la gosse tache. «Pourquoi manque-t-il un bout d'aile à ce papillon? dit Marie-Ève. Ce n'est quand même pas moi qui l'ai blessé. Est-ce qu'il est capable de voler malgré tout?». Là, je retombe en terrain connu et je peux lui offrir une réponse d'oncle-qui-sait-tout, ce qui est excellent pour mon égo. «Un oiseau ou un lézard lui aura sans doute arraché ce bout d'aile, lui dis-je. Tu vois ces taches en forme d'œil sur les ailes? Ce sont des leurres pour les prédateurs. Elles attirent l'attention sur une partie du corps qui n'est pas vitale. Et s'il arrive qu'un prédateur se précipite et lui arrache un bout d'aile, le papillon survit et peut encore voler, alors qu'une attaque sur une autre partie de son corps lui serait fatale». En disant cela, je n'ai fait que résumer des faits assez connus des biologistes, mais, en jeune personne curieuse, Marie-Ève enchaîne aussitôt:

«Oui, mais comment le papillon fait-il pour fabriquer ces taches-là?»
Excellente question! Cette fois, la réponse n'est pas évidente, car elle
porte sur le «comment» et le «pourquoi», il faut aller beaucoup plus
loin dans la compréhension. Connaître, c'est bien, mais comprendre,
c'est plus compliqué, Marie-Ève! Comme je t'ai servi une réponse un peu
sommaire, je te dois une explication plus complète. Vois-tu, si on en sait
assez long sur le «pourquoi» et le «comment» des taches du papillon,
c'est grâce à une nouvelle spécialité à la rencontre de la génétique de
l'évolution et de l'embryologie, l'évolution-développement ou Évo-Dévo
pour les initiés.

* * *

Ici, il faut revenir aux travaux de laboratoire, ce que je ferai en
m'appuyant sur les découvertes du biologiste Sean B. Carroll, de l'Université de Wisconsin-Madison, qu'il raconte en détail dans le chapitre 8
de son livre *Endless Forms Most Beautiful*. À la fin des années 1980,
Carroll et ses collègues avaient identifié plusieurs gènes responsables
de la formation des ailes chez les mouches à fruit. Comme les ailes
d'insectes ne sont apparues qu'une fois dans l'évolution, ils se sont
dit qu'il n'y avait qu'à identifier les gènes correspondants chez le
papillon et voir s'il y en avait qui contribuaient à fabriquer ces taches
caractéristiques. Ils n'étaient sans doute pas les premiers à raisonner
ainsi, et à utiliser le raccourci habituel du «il n'y a qu'à…», mais dans
leur cas, ils ont eu de la chance, puisque leur démarche les a amenés
à résoudre le mystère des taches du papillon.

Ouvrons une parenthèse préalable: la beauté et la diversité des
papillons tiennent à deux inventions qui se sont produites après
qu'ils se soient séparés des autres insectes au cours de l'évolution.
Ce sont les écailles (leur nom de lépidoptères vient d'ailleurs des
mots grecs *lepis,* écaille et *pteron,* aile) et les formes géométriques
colorées sur les ailes. On pense qu'à l'origine, les écailles seraient
des modifications des poils que possèdent de nombreux insectes.
Chaque écaille provient d'une seule cellule. Les formes sur les ailes
viennent du développement progressif des cellules par sections
juxtaposées parallèlement, à partir de la base de l'aile en allant
vers l'extérieur; dans chaque section, une subdivision bordée par
des nervures, se répètent des répartitions semblables de cellules,

si bien que, vu du dessus, on obtient des alignements de bandes ou de taches. Enfin, chaque écaille est d'une seule couleur; c'est la répartition spatiale d'écailles de différentes couleurs qui donne l'impression de bandes ou de taches.

Pour en revenir à la recherche de Sean Carroll, la première étape a été franchie sans encombre: oui, il existe bel et bien chez le papillon une série de gènes semblables à ceux de la mouche, et qui sont responsables de la formation des ailes. Les chercheurs ont ensuite tenté de savoir quand et comment ces gènes étaient actifs au cours du développement de l'insecte. Comme l'aile se forme à partir d'un disque plat de cellules qui grossissent à travers les différents stades du développement, ils ont eu l'idée de suivre à la trace ces cellules, ce qui peut se faire en laboratoire par des techniques sophistiquées. Résultat? Les surfaces des ailes du papillon, ainsi que les bordures, sont déterminées par les mêmes gènes chez la mouche à fruit et chez le papillon. Cela signifie que le mécanisme de construction (le «plan d'architecte») est le même.

Mais les chercheurs ont aussi découvert des mécanismes d'expression des gènes qui sont uniques aux papillons. Ils ont pu établir que chaque bande ou tache était capable de changer en forme, en couleur ou en taille, indépendamment des autres éléments. Les commandes génétiques paraissaient individualisées, il restait à les identifier. Laissons la parole à Sean Carroll:

> Je n'oublierai jamais le moment où la technicienne, Julie Gates, m'a fait venir au microscope pour voir l'amorce frappante de très belles taches sur les disques cellulaires de la chenille destinés à devenir les ailes. Sur chaque disque, nous avons vu deux paires de taches exactement à l'endroit où se situeront les centres des pseudo-yeux qui apparaîtront plus tard lors du développement, à la position précise que Fred Nijhout [note: un collègue entomologiste] avait définie comme étant le centre des pseudo-yeux. C'était fantastique![12]

La surprise la plus extraordinaire était que les taches dépendaient d'un seul gène, que l'équipe étudiait depuis deux mois, un gène qu'ils connaissaient bien par ailleurs (et qui ne nous est pas inconnu, puisqu'il a été évoqué il y a quelques pages). C'était *distal-less*, celui qui est nécessaire à la formation complète des membres.

---

12. Sean Carroll, *Endless Forms Most Beautiful*, p. 208.

Chez le papillon Buckeye qu'ils étudiaient, *distal-less* gardait bien sa fonction initiale, puisqu'il se trouvait exprimé dans les extrémités des membres. Mais chez ce papillon (et chez tous les papillons qui ont des taches, devait démontrer par la suite l'équipe de Carroll), ce gène avait un rôle supplémentaire: précisément, fabriquer ces taches. Comment?

> Le gène a acquis un nouveau commutateur qui répond aux coordonnées spatiales de ces taches, explique Sean Carroll. Celles-ci se forment exactement entre les deux nervures et le long de la bordure extérieure de l'aile. Les coordonnées précises et reproductibles de ces taches nous montrent qu'il y a des protéines à ces positions-clés qui «allument» le commutateur du gène *distal-less*[13].

Autrement dit, comme un bon animal domestique, le gène régulateur a appris un nouveau tour d'acrobate chez le papillon, un commutateur génétique nouveau qui lui permet de fabriquer une forme sur l'aile qu'il est incapable de fabriquer chez les autres insectes ailés.

Il restait à préciser comment se forment les ocelles. Ces formes sont plus complexes que les simples taches, puisqu'elles ressemblent à des yeux, avec un centre d'une couleur, un cercle d'une autre couleur et une bordure extérieure plus sombre. La recherche démontra que si *distal-less* était bien responsable de la formation du centre du pseudo-œil, il fallait faire intervenir deux autres gènes, *Engrailed* et *Spalt*, pour obtenir la forme complète. Ces gènes marquent chacun le début d'un cercle différent et ils déterminent la distribution relative des écailles de différentes couleurs dans ces cercles. Et – devinez un peu... – il s'avère que ces deux gènes présentent eux aussi un commutateur supplémentaire chez le papillon, leur permettant de jouer un nouveau rôle. Trois gènes homéotiques acquérant chacun un nouveau commutateur: voilà tout ce que cela prend pour faire des ocelles qui leurrent les prédateurs... et que nous, humains, trouvons esthétiques sur les ailes d'un papillon!

Ce n'est d'ailleurs pas le seul exemple de la puissance des gènes régulateurs. Un cas bien documenté est celui d'une salamandre

---

13. *Ibid.*, p. 209.

mexicaine appelée axolotl. Il en existe une douzaine d'espèces. Certaines restent bloquées au stade larvaire de leur développement et vivent ainsi sous une forme infantile toute leur vie. D'autres espèces d'axololt, au contraire, se métamorphosent normalement. On a prouvé que cette différence tient à la mutation d'un seul gène régulateur, qui dans ce cas produit une hormone. On a aussi découvert que ce gène a été activé ou au contraire réduit au silence plusieurs fois dans l'histoire évolutive de ces espèces. Autrement dit, les axolotls à forme infantile d'aujourd'hui sont peut-être des axolotls à forme adulte d'hier, ou vice-versa... et on ne peut prédire si elles ne changeront pas à nouveau de forme demain.

On retrouve ici un thème fondamental: la nature n'invente pas à chaque fois de nouvelles recettes, elle a plutôt tendance à modifier quelques recettes de base et à bricoler à partir de matériaux de base.

DARWIN, DESSINE-MOI DES GROS BECS

Exemple classique de l'évolution, les différentes espèces de pinsons découvertes par Darwin aux îles Galapagos ont récemment fait l'objet de travaux fascinants. Cliff Tabin de l'Université Harvard a en effet montré que les gros becs des pinsons dépendent de l'expression, lors du développement embryonnaire, d'un gène appelé BMP4. Plus ce gène est activé tôt, plus le bec est gros par rapport au bec normal. Même qu'en accroissant la production de BMP4 dans des embryons de poulet, Tabin a obtenu des poussins à gros becs ! Chez les pinsons qui ont des becs longs et minces, c'est un autre gène, calmoduline, qui est en cause. Plus celui-ci est exprimé tôt, plus le bec est mince et effilé. Ainsi seulement deux gènes suffisent à déterminer la forme des becs – et non des dizaines, comme on pourrait le penser.

Selon François Jacob, la sélection naturelle opère à la manière non d'un ingénieur, mais d'un bricoleur:

> Un bricoleur qui ne sait pas encore ce qu'il va produire, mais récupère tout ce qui lui tombe sous la main, les objets les plus hétéroclites, bouts de ficelle, morceaux de bois, vieux cartons devant éventuellement lui fournir des matériaux; bref, un bricoleur qui profite de ce qu'il trouve autour de lui pour en

tirer un objet utilisable. L'ingénieur ne se met à l'œuvre qu'une fois réunis les matériaux et les outils qui conviennent exactement à son projet. Le bricoleur, au contraire, se débrouille avec des laissés-pour-compte. Le plus souvent les objets qu'il produit ne participent d'aucun projet d'ensemble[14].

La beauté de l'évolution, c'est celle d'un système modulaire et très ouvert. Des inventions successives surgissent à partir d'un petit nombre de règles de base. Les changements surviennent par exemple lorsque des gènes de structure comme *distal-less*, trouvent «au passage» une nouvelle fonction en intégrant un nouveau module, un segment fonctionnel d'ADN qui vient d'un autre organisme. Parfois, ils en laissent tomber un autre ou bien une fusion de segments fonctionnels s'opère, et du nouveau se crée. C'est par petites touches successives, sans but déterminé, que l'évolution construit au fil du temps profond, mais il n'y a pas de plan préétabli, juste le jeu des possibles. Les taches du papillon illustrent bien le principe général que résume François Jacob :

> L'évolution procède comme un bricoleur qui, pendant des millions et des millions d'années, remanierait lentement son œuvre, la retouchant sans cesse, coupant ici, allongeant là, saisissant toutes les occasions d'ajuster, de transformer, de créer[15].

---

14. François Jacob, *Le jeu des possibles*, p. 65.
15. *Ibid.*, p. 66.

6. Comment sortir d'un marécage (en moins de 10 millions d'années...)

Il vous faut d'abord remonter dans le temps, à bord de votre machine personnelle: l'imagination. Nous sommes au Dévonien, une période qui commence il y a 410 millions d'années avant le temps présent, et se termine il y a 360 millions d'années. À cette époque, à cause de la dérive des continents, la Terre n'avait pas l'allure qu'on lui connaît. Tous les continents actuels étaient fusionnés en deux grandes masses. C'est celle du nord qui nous préoccupe, et nous aimerions situer où se trouvait le Groenland. Le voilà, coincé entre la future Europe et le futur Québec, à quelques degrés seulement au nord de l'équateur.

Il faut ensuite imaginer un paysage tropical marécageux. Des lieux qui grouillent de vie, notamment peuplés de toutes sortes de poissons, avec ou sans mâchoires, avec ou sans carapaces. En milieu terrestre, il y a des fougères, des mousses, de grandes plantes, mais pas d'arbres, pas de forêts tel qu'on l'entend aujourd'hui. Pas de dinosaures, pas de mammifères, pas même de reptiles, mais des masses d'arthropodes: des petits, des moyens et des gros, en particulier des scorpions géants... Bienvenue au Dévonien!

Et donc, dans ce qui deviendra le Groenland, une bête étrange patauge dans les eaux peu profondes d'un estuaire. En gros, on dirait une grosse salamandre, ou un poisson, mais avec des doigts. Vu de plus près, d'autres caractères le distinguent des poissons. Il a des branchies, mais aussi des poumons. Entre sa tête et sa ceinture pectorale, une série d'os a disparu, ce qui laisse une plus grande liberté de mouvements pour un petit cou mobile. Sa tête un peu

Dessin de reconstitution d'un *Acanthostega*, par Arthur Weasley.

aplatie présente des yeux sur le dessus plutôt que sur les côtés. Voici l'*Acanthostega* qui pointe la tête hors de l'eau pour prendre une bouffée d'air!

Et puis, il faut imaginer une petite catastrophe locale, peut-être une montée soudaine des eaux, suivie d'une baisse brutale. Notre poisson meurt, il est rapidement enseveli sous de la boue ou du sable; sa carcasse se décompose, mais les parties dures sont préservées. Notre *Acanthostega* est fossilisé.

* * *

Transportons-nous à notre époque. Nous sommes à l'été 1987, une équipe de paléontologues anglais effectue une campagne de fouilles au Groenland. À la tête de la mission, Jennifer A. Clack, de l'Université de Cambridge, spécialiste des premiers tétrapodes (un tétrapode est un animal à poumons et à quatre pattes, ou du moins dont les ancêtres ont eu quatre pattes: de la grenouille au pingouin, du serpent au babouin, en incluant les humains, il n'y a pas une niche écologique où ils soient absents.

Jennifer Clack étudie les tout premiers tétrapodes; elle s'intéresse particulièrement à la transition entre les poissons et les amphibiens. Une transition importante, puisque c'est celle au cours de laquelle des vertébrés quittent l'eau pour conquérir la terre ferme. Clack cherche à savoir précisément comment cette transition s'est faite, à quelle époque et par quelles espèces.

Les quelques semaines que la paléontologue anglaise a passées sur la formation de Celsius Bjerg, dans l'est de l'île, ont été fertiles. L'équipe a en effet mis au jour plusieurs spécimens remarquablement conservés d'*Acanthostega*, cet étrange poisson ainsi baptisé par d'autres paléontologues, mais dont on n'avait que des fossiles très partiels. L'animal, qui n'avait rien de trop insolite au premier regard, allait révéler graduellement ses surprises au cours des années d'observation subséquentes. La série d'articles que Jennifer Clack a alors écrits avec son collègue Michael Coates, de l'Université de Chicago, est devenue célèbre dans le petit monde des paléontologues.

Jusqu'alors, on pensait que la sortie de l'eau s'était faite par des poissons dotés de nageoires solides et de poumons, qui s'étaient aventurés gaillardement sur la terre ferme. Le meilleur candidat était l'*Eusthenopteron*, un poisson découvert au 19e siècle dans les falaises d'un petit village du Québec nommé Miguasha. Ce poisson au nom imprononçable a fait la célébrité scientifique de ce village de Gaspésie, où l'on a érigé un sympathique musée d'interprétation. La bête pouvait dépasser un mètre de long et nageait dans des eaux très peu profondes. Marais d'eau douce ou marécage d'eau salée? On en a longtemps débattu mais aujourd'hui, on a des preuves pour l'estuaire. Toujours est-il que cette bête a vécu dans ces baies il y a environ 375 millions d'années, ce qu'on sait par la datation comparative des roches dans lesquelles ont l'a trouvée. En étudiant son squelette, les paléontologues avaient été frappés par sa ressemblance avec le squelette des membres de tous les tétrapodes. Si bien qu'ils croyaient avoir trouvé le premier poisson à s'être traîné sur le sol. Encore aujourd'hui, bien des manuels de biologie le montrent encore en train de ramper vaillamment sur les berges à la recherche de nourriture ou d'une mare non encore asséchée. Mais toutes ces certitudes allaient voler en éclats avec l'arrivée dans le portrait d'*Acanthostega*.

Fossile d'*Eusthenopteron* découvert à Miguasha (Québec).

Première surprise : le mode de vie de notre « acantho » est de toute évidence aquatique. À n'en pas douter, c'était bel et bien un tétrapode, mais il ne s'aventurait pas sur la terre ferme. Il possédait des branchies fonctionnelles et sa queue, aplatie verticalement, portait de longs rayons vers le haut et vers le bas, qui eux-mêmes supportaient une nageoire, efficace pour les déplacements subaquatiques. Mais, bien qu'il ait été doté de poumons, ses côtes étaient courtes et ne se rejoignaient pas du côté ventral pour former une cage solide. Se hisser hors de l'eau sans ce support interne aurait conduit à l'effondrement du corps de l'animal sur lui-même et à l'affaissement de ses poumons. Et ce n'est pas tout : dans ses pattes, l'articulation ne permettait que des mouvements vers l'avant et vers l'arrière. Idéal pour pagayer dans l'eau, mais pas très efficace pour se traîner sur terre. Sans mentionner que le coude était quasi immobile.

Les premiers tétrapodes n'étaient donc pas terrestres, mais principalement aquatiques. C'est le premier dogme que la découverte de l'*Acanthostega* a fait tomber : jusqu'ici, on pensait que les poissons s'étaient hissés hors de l'eau pour devenir des tétrapodes sur la terre ferme par la suite. Les pattes et les doigts seraient donc apparus en réponse à des pressions de sélection reliées au milieu aquatique. Lesquelles ? On ne peut qu'avancer des hypothèses. L'analyse des sédiments qui entourent les fossiles d'*Acanthostega* révèle que cet animal vivait dans un estuaire à l'eau très peu profonde et à la turbidité importante. Évoluant parmi les végétaux aquatiques habituellement nombreux à cette profondeur, ses petites mains lui ont probablement permis de se déplacer entre les plantes et de se retenir aux tiges lorsqu'il attendait ses proies en embuscade. Peut-être pouvait-il aussi utiliser ses membres pour « marcher » au fond de l'eau, tout comme le font aujourd'hui les poissons-grenouilles avec leurs nageoires modifiées en forme de petites jambes articulées.

Surprise suivante, les doigts. Après avoir dégagé patiemment la pierre qui cachait les spécimens et révélé cinq doigts, les chercheurs s'aperçurent qu'il y en avait d'autres. Au total, l'*Acanthostega* en avait huit par pattes ! Un autre dogme venait de sauter. Avant cette découverte on considérait comme une loi infaillible de la nature que les tétrapodes aient un maximum de cinq doigts par membre, une condition appelée pentadactylie. Si, chez certaines espèces, des doigts ont disparu ou ont fusionné pour finir avec moins de cinq, comme le sabot du cheval ou l'aile de l'oiseau, exceptionnellement en a-t-on vu plus de cinq. Or, voici que ce petit tétrapode nous exhibe fièrement huit petites excroissances digitales à chaque main. Sur le moment, Clack et Coates se demandèrent s'ils ne devaient pas interpréter cette étrangeté comme une malformation congénitale chez l'individu fossilisé. Tout comme certains humains naissent parfois avec un doigt en trop...

Mais dans les mêmes années, d'autres fossiles de tétrapodes tout aussi vieux ont été découverts à différents endroits du globe et sont venus valider la «normalité» de la patte à huit doigts. L'étrange *Tulerpeton* de Russie avait six orteils par patte, de même que l'*Ichthyosthega*, aussi du Groenland, qui en avait sept. Il semblerait donc qu'avec les premiers tétrapodes, la nature ait tenté plusieurs variations sur le thème des doigts. Et notre condition pentadactyle ne serait qu'une variation parmi d'autres, celle qui a fini par s'imposer.

C'est bien beau de s'attarder à ce détail, mais cela ne nous dit en rien comment une simple nageoire a pu donner un membre avec des doigts. On sait à peu près où et quand les premières pattes sont apparues, mais on ignore toujours comment. Pour cela, il faut revenir à *Eusthenopteron*, le poisson de Miguasha, et en particulier à sa nageoire pectorale.

* * *

Cette nageoire était particulière. Elle avait un squelette arborescent, une «branche» apparaissant à chaque nouvelle articulation, et toutes les branches pointaient du même côté d'un axe central, vers l'arrière de l'animal. Les premiers évolutionnistes à étudier cette question expliquaient le passage de la nageoire à la patte en prolongeant chacune des branches par l'ajout de petits os pour faire des doigts. Ainsi, à chacun des doigts est associé un os du poignet. Les vieilles théories supposaient donc que les premiers tétrapodes avaient cinq doigts et qu'une ligne continue d'os partait de l'axe du membre, passait par les os du poignet et se terminait dans le doigt correspondant (voir le schéma).

Avec *Acanthostega*, cela ne marchait plus. Tout à coup, on avait trois doigts en trop, et pas un seul os supplémentaire de poignet pour compléter la ligne jusqu'à l'axe central! La théorie commençait

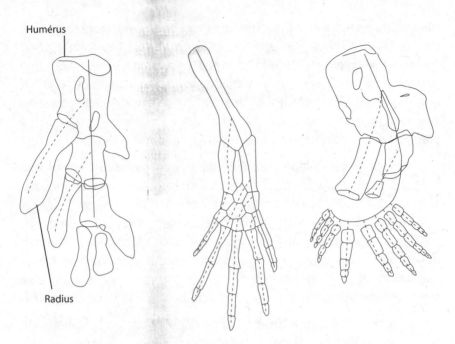

Humérus

Radius

À gauche, squelette de la nageoire d'un *Eusthenopteron*; au centre, plan-type d'un membre inférieur de vertébré, datant de 1876, illustrant son développement; à droite, squelette de la nageoire d'*Acanthostega*, montrant l'arche digitale selon la théorie de Shubin et Albrecht.

D'après M.I. Coates et J.A. Clack, *Nature*, «Polydactyly in the earliest known tetrapod limbs», vol. 347, 6 septembre 1990, p. 68.

à boiter. Fort heureusement, Michael Coates en avait une autre à proposer. Elle reprenait une idée audacieuse avancée un an avant l'expédition du Groenland par Neil Shubin et Pere Alberch de l'Université Harvard, dans un de ces articles qui tombe facilement dans le gouffre sans fond de la littérature scientifique oubliée. Mais Coates l'avait lu et il s'en est rappelé lors de sa première rencontre avec la patte à huit doigts.

La théorie de Shubin et Alberch allait comme suit: les nageoires de nos ancêtres étaient construites à partir d'un axe duquel toutes les branches pointaient du même côté. Les tétrapodes ont retenu cette particularité anatomique: notre radius, et quelques os du poignet émergent encore du même côté. Mais l'axe principal lui-même ne s'étend pas pour former un doigt. Il a plutôt pris un virage abrupt près de son extrémité pour former un crochet devant ce qui est devenu le poignet. Les branches ont alors été inversées de l'autre côté de l'axe pour pointer vers l'extérieur et former les doigts. Comment est-ce possible ? Les auteurs pensent que le nombre de doigts pourrait dépendre du temps dont dispose l'embryon pour laisser les branches apparaître une à une le long de l'arche.

Une théorie fumeuse ? On pouvait initialement le penser, mais il se trouve qu'elle a été démontrée en laboratoire. Dans un embryon de grenouille, si les bourgeons de ses futurs membres sont mis en présence d'un produit chimique qui ralentit le taux auquel les cellules se divisent, l'animal ne produira pas une main complète miniature, mais plutôt une main de taille normale mais à laquelle il manque le pouce. Avec moins de cellules dans ses bourgeons, la grenouille ne peut amorcer la croissance du dernier doigt le long de l'arche. Dans la nature, les grenouilles n'ont que quatre doigts parce que l'arche cesse de croître avant qu'une cinquième branche n'émerge. À l'opposé, le grand chien des Pyrénées et le saint-bernard ont parfois un cinquième et un sixième orteil aux pattes avant, alors que la plupart des chiens n'en ont que quatre.

À la découverte de la patte de l'*Acanthostega*, Michael Coates se mit à faire le lien avec cette théorie. Selon lui, comme les premiers tétrapodes disposaient de plus de temps lors de leur développement, ils laissaient croître l'arche suffisamment longtemps pour produire huit doigts. Heureusement, la découverte de ce vieux tétrapode est survenue après l'article de Shubin et Alberch. Sans cette idée, on se serait questionné longtemps sur l'étrangeté de cette patte.

* * *

Plus récemment, un autre chapitre de cette histoire a été écrit, cette fois carrément dans les domaines de la génétique et de l'embryologie. Les chercheurs qui étudient les gènes *Hox*, dont on a déjà parlé précédemment, se sont aussi butés à des aberrations lorsqu'ils ont étudié la formation des membres des tétrapodes au stade embryonnaire. Comme on l'a vu, les gènes *Hox* s'expriment normalement le long de l'axe principal tête-queue, chez tous les animaux à symétrie bilatérale. Quand les scientifiques ont détecté pour la première fois des gènes *Hox* à l'œuvre dans les membres, ils ont supposé qu'ils devaient le faire de la même façon que le long de la colonne vertébrale. L'axe tête-queue, imaginaient-ils, devenait simplement l'axe épaule-main.

Mais non, c'était plus compliqué que cela. Dans un bourgeon de membre en formation, ils constatèrent plutôt qu'un gène *Hox* s'exprimait seulement du côté du petit doigt, puis qu'il prenait un virage abrupt et qu'on le retrouvait dans la région du bout des doigts. La confusion régnait, mais pas pour Michael Coates. À l'affût des travaux sur les gènes du développement qui l'aideraient à comprendre l'évolution des membres des tétrapodes, il sut tout de suite qu'il avait déjà vu cette structure auparavant : c'était exactement la courbe de l'arche de Shubin et Alberch.

Coates montra l'incroyable concordance à la communauté scientifique, faisant valoir comment les fossiles, les cellules et les gènes tendaient tous vers la même explication. Personne n'en savait assez sur les membres pour dire comment les gènes *Hox* aidaient à former la fameuse arche, mais quel qu'ait été le mécanisme, la coïncidence était trop claire pour être ignorée. En 1996, une équipe de généticiens américains publia un portrait détaillé du développement des membres des tétrapodes. En suivant la progression de 23 gènes *Hox* au jour le jour, ils avaient découvert qu'ils correspondaient à l'arche de Shubin et Alberch plus parfaitement que personne n'avait osé l'imaginer. Des fossiles aux gènes, tout se tenait. Pour inverser les embranchements dans les os de la nageoire, l'évolution a dû inverser les gènes *Hox*. Un autre bricolage subtil...

* * *

Résumons. Vous vous demandez comment nos ancêtres tétrapodes ont fait pour sortir du marécage ? La recette n'est pas si compliquée, dans le fond. À partir d'un poisson un peu spécial, *Eusthenopteron*, vous avez besoin de périodes de sécheresse prolongées et d'un peu de bricolage génétique. Le temps passe, peut-être quelques centaines de milliers d'années, peut-être quelques millions, mais quand vous êtes la grande entité appelée Nature, cela vous est égal. De nombreuses espèces meurent, d'autres leur succèdent. À l'intérieur de ces espèces, les individus les plus adaptés survivent mieux que les autres et transmettent leurs gènes. À une grande échelle, des adaptations évolutives émergent donc. Moyennant quoi, quelques millions d'années plus tard, vous avez, parmi les nombreux petits cousins descendants de cet ancêtre, une bête comme *Acanthostega* qui, elle, est vraiment équipée pour sortir de l'eau. Voilà, en moins de dix millions d'années, vous êtes sorti de votre marécage, et pour de bon!

* * *

Megouasag, Falaise rouge. C'est le nom que les Indiens Micmacs de la Gaspésie avaient donné à ce secteur surplombant la rivière Restigouche, là où elle se jette dans la baie des Chaleurs. Il y a 300 ans, dans la langue des colons français, c'est devenu Miguasha. On comprend vite le toponyme lorsqu'on a la chance de déambuler sur la plage de Miguasha à la fin d'une belle journée de septembre, au moment où le soleil couchant caresse les falaises de ses rayons tièdes. Durant plusieurs minutes, pour le plus grand plaisir des yeux, la roche s'embrase de tons écarlates. Les Amérindiens qui fréquentaient ces lieux en étaient sûrement émus aussi...

Pour les scientifiques, le site a été découvert en 1842 lorsqu'un géologue du nom d'Abraham Gesner, dont l'histoire a retenu le nom surtout pour avoir été le premier à fabriquer du kérosène, est arrivé du Nouveau-Brunswick voisin. Sa curiosité l'avait poussé à traverser la rivière. «Restes fossilisés de plantes, de poissons et de tortues», a-t-il écrit dans un rapport. Les fermiers du secteur connaissaient déjà ces pierres décoratives, et sûrement les Amérindiens bien avant eux, mais tous ignoraient encore la valeur scientifique de ces falaises. Gesner fut le premier à la révéler.

Autres temps, autres mœurs... ceux des scientifiques qui passent beaucoup de temps à fouiller parmi les roches et dans la terre. Aujourd'hui, sur la plage de Miguasha, alors que le soleil se couche, un paléontologue s'affaire à rassembler ses trouvailles du jour. Une belle journée de fouilles qui finit bien. Les cinq doigts de sa main effleurent en douceur les petits os de la nageoire de l'*Eusthenopteron* qu'il va ramener au musée. Une autre découverte exceptionnelle, quand on pense aux multiples facteurs qui auraient pu ne jamais faire apparaître ce témoin du passé: les changements dans l'écosystème il y a des centaines de millions d'années, la sédimentation, les fluctuations du niveau de la mer, l'érosion subséquente.

L'homme touche encore une fois de sa main la nageoire gravée dans la pierre... Entre les deux formes animales étalées devant ses yeux, il y a une petite inversion génétique, un phénomène aléatoire intervenu il y a très longtemps dans l'histoire de la vie et qui a eu de profondes conséquences. Du point de vue scientifique, Charles Darwin ne savait rien de tout cela, mais il a pointé la direction dans laquelle chercher. Fouillez la «descendance avec modification» dans les animaux disparus et actuels, a-t-il dit. Les percées successives de ses héritiers ont confirmé sa théorie au point où rien n'a de sens en biologie sans elle. Saluons l'intuition géniale de celui qui a ouvert la voie.

Sur la plage, le paléontologue charge la pierre dans son sac à dos et se met lentement en route vers le musée. Il pense à ces énigmes de la vie, à leur résolution, ici et maintenant, en ce début du 21e siècle... l'explication scientifique d'un phénomène naturel qui a fait couler beaucoup d'encre... une meilleure compréhension d'une importante étape du vivant, celle de la sortie des eaux des tétrapodes... un grand moment de l'aventure des vertébrés terrestres. Et à travers tout cela, près de 375 millions d'années d'évolution bouclées dans l'atmosphère rougeoyante d'une fin de journée.

7. Le pouce du petit panda

À la fin des années 1970, lors du dégel des relations entre les États-Unis et la Chine, le zoo de Washington D.C. reçut deux grands pandas de Chine. Ils sont rapidement devenus des attractions populaires. Lors d'un séjour dans la capitale américaine, j'étais allé les voir. J'avais été fasciné par la manière dont ces sympathiques «nounours» noirs et blancs dévoraient leur plante préférée, le bambou. Bien assis sur leur popotin, ils se servaient de leurs pattes avant pour saisir les tiges les unes après les autres. Ils les dépouillaient rapidement de leurs feuilles, puis les enfournaient avec gourmandise, rejetant négligemment les tiges alentour.

Toutefois, j'avais raté le plus remarquable : le fait que les pandas épluchent les feuilles en faisant passer la tige entre un pouce apparemment flexible et les autres doigts. Et que ces doigts étaient au nombre de cinq. Comment donc, un sixième doigt, un pouce opposable de surcroît, alors que seuls les primates sont réputés avoir cette particularité ? En 1980, le paléontologue Stephen Jay Gould de l'Université Harvard publiait un livre intitulé *Le pouce du panda : les grandes énigmes de l'évolution,* dans lequel il exposait en long et en large les mystères du pouce du panda. Il en faisait même un exemple-phare, qui allait devenir célèbre en biologie, des grandes stratégies de l'évolution. Lors de ma visite au zoo, je n'en savais rien et j'ignorais tout du pouce du panda.

Première précision : ce pouce n'est pas aussi capable de s'opposer aux autres doigts que le nôtre, il est trop court et trop rigide pour cela. Ce n'est même pas un vrai pouce, explique Gould dans son livre :

> Anatomiquement, le pouce du panda n'est pas un doigt. Il est construit à partir d'un os appelé le sésamoïde radial (du radius), normalement un des petits os formant le poignet. Chez le panda, le sésamoïde radial est très développé et si allongé que sa taille atteint presque celle des os des phalanges

des vrais doigts. Le sésamoïde radial soutient un renflement de la patte avant du panda; les cinq doigts forment le cadre d'un autre renflement, le renflement palmaire. Un sillon, peu marqué, sépare les deux renflements et sert de conduit aux tiges de bambous[16].

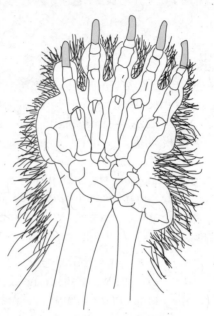

Dessin de D.L. Cramer, extrait du livre *Le pouce du panda* de Stephen Jay Gould.

Merci pour ces précieux détails, docteur Gould, mais où tout cela nous mène-t-il? Le thème central de Gould, ce sont les arrangements bizarres et les solutions cocasses qui constituent une preuve de l'évolution. Il traite aussi de la notion de contingence ou de hasard dans l'évolution et fait du pouce du panda un exemple frappant d'adaptation, ou plutôt, selon le mot de François Jacob, de «bricolage de la vie». Gould explique comment, ayant progressivement évolué vers un régime herbivore dépendant des bambous, «le panda est contraint de se servir de ses organes disponibles et de choisir cet os hypertrophié, solution quelque peu bâtarde, mais très fonctionnelle». Il poursuit avec le cas des orchidées, bien décrit par Darwin. Ces plantes possèdent des pétales agrandis nommés labelles, dont elles se servent pour piéger les abeilles. Glissant dans les labelles déployés, les abeilles tombent dans la coupe de nectar,

---

16. Stephen Jay Gould, *Le pouce du panda: les grandes énigmes de l'évolution*, p. 20.

dont elles ne peuvent ressortir qu'en se frottant contre les amas de pollen. À l'occasion de leur prochaine visite à une autre orchidée, les voilà ainsi devenues pollinisatrices! On pourrait donc décrire le labelle comme un système ingénieux *destiné* à assurer une fécondation croisée. Mais ce n'était pas sa fonction première. Il a seulement évolué ainsi à partir de formes ancestrales à fonctions différentes; il était accidentellement prédisposé à servir à une nouvelle fonction.

Dans son livre, Gould pose l'hypothèse que les ancêtres des pandas possédaient un sixième pseudo-doigt, et qu'ils l'utilisaient alors à autre chose que l'épluchage des feuilles de bambous. En ce qui concerne l'existence de ce doigt, il s'appuie sur des preuves paléontologiques, puisqu'on a effectivement trouvé des ancêtres du grand panda qui avaient un sésamoïde assez semblable. Mais en ce qui concerne sa fonction, il n'en sait rien, il ne fait que supposer que ce n'était pas celle d'aujourd'hui. Or, voilà qu'une récente découverte en Espagne, relatée dans la revue *PNAS*, le 10 janvier 2006, fait la lumière sur la fonction initiale de ce fameux pouce.

* * *

À Batallones, un site de fouilles près de Madrid, une équipe franco-espagnole a en effet exhumé des fossiles d'un ancêtre du petit panda. Le petit panda est le cousin du grand; on le trouve en Asie du Sud-Est, il ressemble à un raton-laveur et apprécie lui aussi les pousses de bambous, qu'il dépouille avec son faux pouce. On pense que les deux pandas ont eu un ancêtre commun, mais qu'ils auraient divergé il y a plusieurs millions d'années.

Mais revenons à notre squelette baptisé *Simocyon batalleri*. Ce mammifère de taille moyenne aurait vécu il y a neuf millions d'années. Il est fascinant de constater qu'il possédait, lui aussi, un faux pouce. Mais en étudiant sa denture, les chercheurs arrivent à la conclusion que cet animal mangeait essentiellement de la viande, et non des végétaux comme le petit panda actuel. C'est pourquoi ils concluent que *Simocyon batalleri* n'utilisait pas son sixième doigt pour saisir les pousses de bambou comme le fait aujourd'hui le petit panda, mais plutôt pour aider à se mouvoir dans les arbres. Pour le paléontologue français Stéphane Peigné, membre de l'équipe, cette particularité était précieuse dans l'environnement dans lequel vivait ce mammifère, un univers peuplé de nombreux prédateurs. Il écrit:

> Cette étrange facétie de l'évolution de doter Simocyon d'un faux pouce apparaît, dans ce contexte, vitale pour ce carnivore plutôt charognard et peu véloce: il pouvait donc leur échapper en grimpant aisément dans les arbres[17].

En définitive, si on ne peut pas se prononcer sur l'évolution du pouce du grand panda (*Simocyon* n'étant pas un de ses ancêtres directs), on constate que les deux pandas ont évolué de manière convergente, apparemment parce qu'ils se nourrissaient de manière hyper spécialisée de la même plante, le bambou – ce qui n'est vraiment pas banal. On constate aussi que le petit panda est un merveilleux exemple de ce qu'on appelle aujourd'hui (à la suggestion de Gould) une exaptation, ou réadaptation secondaire, c'est-à-dire une structure dont la fonction actuelle est différente de la fonction originelle. Dans son livre, Stephen Jay Gould montrait que l'évolution travaille de manière opportuniste à partir des matériaux disponibles. La découverte espagnole fournit un exemple encore plus frappant de cette réalité. Gould, décédé en 2002, l'aurait savourée, j'en suis certain!

* * *

Il reste tout de même plusieurs points ténébreux dans cette histoire. Comme souvent en science, ce qu'on vient d'apprendre sur une question lève un pan de voile, mais débouche sur d'autres aspects qui sont obscurs. Pour ma part, j'en voyais deux et je me mis à faire quelques recherches dans les publications scientifiques pour tenter d'y répondre.

Je me demandais d'abord ce qu'on savait vraiment de la parenté entre les deux pandas modernes, le grand, *Ailuropoda melanoleuca* et le petit, *Ailurus fulgens.* Se pourrait-il que malgré leurs noms, ils soient des cousins très éloignés? Je savais que cette question avait été chaudement débattue dans le passé, certains rattachant le grand panda aux ours, d'autres aux ratons-laveurs, le petit panda se promenant entre ces deux familles au gré des auteurs. Mais dans leur publication du *PNAS*, Manuel Salesa et ses collègues font le point des données

---

17. Stéphane Peigné, cité dans le *Journal du CNRS,* mars 2006, p. 5.

les plus récentes, basées sur les études de biologie moléculaire. Le résultat, c'est un arbre phylogénique schématique, dans lequel ils classent les deux espèces dans deux groupes bien séparés, le grand panda avec les ours dans les Ursidae et le petit panda dans les Ailuridae, les deux familles ayant divergé il y a environ 35 millions d'années. Contrairement à ce que leurs noms et leur apparence impliquent, les deux espèces se révèlent donc être passablement éloignées l'une de l'autre d'un point de vue phylogénétique. À la réflexion, cela rend encore plus intrigante l'évolution convergente d'un même pouce, apparu il y a 17 millions d'années dans la lignée des ancêtres du grand panda, et il y a 25 millions d'années dans la lignée commune au *Simocyon* et au petit panda.

Mais par ailleurs, ce sésamoïde spécial n'est pas apparu par magie, d'un seul coup. Cela rejoignait ma seconde interrogation: comment – par quel mécanisme – cette structure s'est-elle construite? Gould n'en parlait pas, mais il citait les hypothèses de Dwight Davis, un spécialiste du Field Museum de Chicago qui avait écrit en 1964 une monographie détaillée du grand panda. Davis faisait remarquer que le sésamoïde radial et les muscles l'entourant (l'un, dit abducteur, et l'autre, adducteur) étaient des éléments anatomiques communs. Ces deux muscles existent chez tous les carnivores, mais ils sont attachés uniquement à la base du pollex ou vrai pouce. Déjà, chez les ours communs, le sésamoïde radial est plus développé que chez les autres carnivores. Par ailleurs, le muscle abducteur se termine par deux tendons, l'un s'insérant à la base du pouce et l'autre, au sésamoïde. Davis estime que toute la succession des transformations de la musculature a découlé automatiquement d'une simple hypertrophie de l'os sésamoïde. Selon lui, les muscles se sont transformés parce que l'agrandissement de l'os ne leur a plus permis de s'attacher au point où ils s'attachaient à l'origine.

Là où l'analyse de Davis devient passionnante, c'est lorsqu'il identifie un mécanisme génétique possible à l'origine de cette modification. Selon lui, tout est peut-être dû à un changement génétique simple, voire une seule mutation qui aurait affecté la croissance des os. Il s'appuie notamment sur le fait que le pied du panda possède lui aussi un sésamoïde, également très développé (cet os ne forme toutefois pas de nouveau doigt et sa taille accrue ne lui donne aucun avantage). Davis pense qu'une mutation serait survenue, qui aurait eu pour effet d'accroître en même temps la taille des deux sésamoïdes, le tibial et le radial.

Cette explication a une certaine logique. Elle correspond bien à la manière dont le corps des vertébrés se construit. Depuis les années 1980, on sait en effet qu'il existe des gènes régulateurs, dits homéotiques ou gènes *Hox*, qui contrôlent le développement des structures du corps dans le temps et dans l'espace. Ce sont en quelque sorte des maîtres architectes du corps. Plus récemment, les travaux de Denis Douboule à Genève ont montré qu'il existe un seul centre de contrôle génétique pour la formation des doigts (voir *Nature*, 14 novembre 2002). Dès lors, on peut supposer qu'au cours de l'évolution, un de ces gènes s'est trouvé inactivé ou modulé par un autre gène, avec l'effet que cela a produit: un sésamoïde plus gros. Tout le reste ne serait qu'un réarrangement des muscles alentour.

L'hypothèse de Davis est séduisante, et on peut l'enrichir de spéculations plus modernes comme je viens de le faire, mais force est de constater que personne ne l'a prouvée jusqu'ici. Gageons qu'un jour, un chercheur apportera une réponse convaincante à cette énigme. Suffit-il d'un ou deux changements génétiques mineurs pour que toutes ces conséquences anatomiques et fonctionnelles se développent, résultant en un faux pouce bien utile? J'aime penser que le même genre de phénomène a pu se dérouler il y a quelques millions d'années chez un primate, ancêtre de l'homme et du chimpanzé. Imaginons que le hasard fasse survenir une ou deux mutations décisives sur le système le plus complexe que possédait ce primate – son cerveau. Et voilà, tout à coup, une série de changements physiologiques et anatomiques se met en branle… et on se retrouve avec la grossé tête d'*Homo sapiens*.

8. Un animal doté d'un gros cerveau

La scène se déroule en octobre 1860, dans les locaux lambrissés de la Société royale pour l'avancement des sciences, à l'Université d'Oxford. Un an plus tôt, *L'origine des espèces* a été publié et a suscité un vif intérêt au sein de la société victorienne, si bien que la grande salle est pleine à craquer. Dans son livre, Charles Darwin a très peu parlé de l'origine de l'homme, mais il a fait des allusions claires et tout le monde a compris que l'homme descend du singe, ou plutôt d'un singe. *Shocking*! Voilà qui, selon une majorité de personnes bien pensantes, contredit radicalement le récit de la Bible et qui est, de plus, suprêmement méprisant. Car dans la mentalité de l'époque, l'homme ne peut être qu'une créature à part, Dieu l'ayant créé à son image, à part de tous les animaux.

La conférence d'Oxford a été convoquée pour débattre de la question et tout le monde s'attend à une vive confrontation autour de ces idées, mais Charles Darwin n'est pas présent. À son habitude, il est resté dans sa maison de campagne, loin de toute polémique ; il a laissé à Thomas Huxley, biologiste de renom, le soin de défendre ses idées et, comme toujours, celui-ci va le faire avec élégance et brio. Face à lui, un personnage d'une envergure considérable, l'archevêque Samuel Wilberforce. Le public est envoûté par ce théologien et philosophe réputé, qui multiplie les pointes de provocation. «Et vous, lance-t-il à Huxley à la fin de son exposé, descendez-vous du singe par votre grand-père ou par votre grand-mère?» La salle applaudit. Thomas Huxley sourit, monte à la tribune et livre posément sa conférence. En terminant, il se tourne vers l'archevêque et s'adresse directement à lui: «Quant à la réponse à votre question, la voici. Si j'avais à choisir entre un singe pour ancêtre ou un homme usant de sa position et de son influence pour engager un public mal préparé à récuser le progrès des idées, en s'appuyant non sur la logique mais sur des arguties, nul doute que j'opterais pour le singe.»

* * *

Une des forces de Darwin a été la qualité de ses *prédictions* sur la place de l'homme moderne dans le vivant. Sur la base de sa théorie, il a en effet formulé des prédictions qu'il n'a pas pu confirmer, parce qu'il ne disposait pas de fossiles de pré-humains, ceux-ci étant pratiquement inexistants à l'époque. Cette capacité de prédire me semble importante, car elle correspond à ce qu'on peut attendre d'une théorie scientifique. C'est une façon normale et saine de tester cette dernière: on formule des prédictions et on les confronte ensuite aux preuves de l'observation ou de l'expérimentation. J'aime souligner ce point lorsqu'il m'arrive de discuter avec des tenants du créationnisme, ou de sa version moderne, le dessein intelligent.

I.D.

Dessein intelligent: traduction de l'anglais *Intelligent Design* (I.D.). Théorie qui se distingue du créationnisme par l'abandon des enseignements de la Bible pris à la lettre. Elle soutient que la complexité des organismes ne peut s'expliquer que par l'existence d'une force créatrice supérieure, qui n'est généralement pas nommée. L'exemple préféré des tenants de l'I.D. est celui du flagelle des bactéries, une structure dont on ne peut imaginer selon eux qu'elle ait émergé par modifications successives dans l'évolution. Cela dit, l'idée que la complexité d'un organisme est la preuve qu'une intelligence supérieure l'a créé est ancienne. Le théologien anglais William Paley l'avait résumée en 1802 par l'exemple de la montre. Lorsque nous trouvons une montre dans un champ, dit-il, nous pensons qu'elle est tellement complexe qu'elle ne peut avoir été fabriquée que par un intellect humain et non par un processus naturel.

Qu'a donc prédit Darwin? Il a bien vu dans les grands singes des mammifères qui nous ressemblent beaucoup sur le plan morphologique. L'homme ayant selon lui évolué comme les autres animaux, il postule qu'il doit donc exister un ancêtre commun à un des grands singes, ou à une espèce disparue, et à l'homme. Il prédit donc qu'on devrait trouver des fossiles espacés dans le temps montrant une progression vers des formes de plus en plus proches de l'homme. Il entrevoit une progression menant des singes au cerveau modeste à des espèces au cerveau plus développé, de plus en plus bipèdes et de plus en plus capables de fabriquer des outils. Ces idées ne se retrouvent pas dans *L'origine des espèces*, mais Darwin les aborde dans ses carnets et dans *La descendance de l'homme et la sélection sexuelle*, publié en 1871. Qui plus est, il estime que c'est au chimpanzé que nous ressemblons le plus et prédit que l'Afrique se révélera être le berceau de nos origines.

> Dans chaque grande région du monde, les mammifères existants sont intimement liés aux espèces disparues de la région. Il est donc probable que l'Afrique ait été anciennement habité par des singes disparus, liés aux gorilles et aux chimpanzés; et comme ces deux espèces sont maintenant nos alliées les plus proches, il est plus probable que nos ancêtres aient vécu sur le continent africain que nulle part ailleurs[18].

Près de 150 ans plus tard, on ne peut que saluer sa vision. La découverte de très nombreux fossiles d'hominidés en Afrique est venue conforter de manière magistrale la thèse darwinienne. Parallèlement, la génétique a révélé que notre allié le plus proche – pour employer un mot de Darwin – est le chimpanzé. Une parenté très, très proche, qui se chiffre par un maigre un ou 2% de différence dans les gènes. Comment ne pas accepter ces découvertes comme d'éclatantes confirmations des prédictions de Darwin? Même les partisans de la théorie du «dessein intelligent» sont troublés par cette démonstration. Parce qu'ils se réclament d'une démarche scientifique, ils ne peuvent pas s'opposer à l'idée d'un test sur des prédictions. Si on les amène à suivre le raisonnement que je viens de tenir, ils se sentent coincés et tentent de s'esquiver. Plutôt que d'affronter cette démonstration à la portée de n'importe qui ayant quelques bases en anthropologie ou en biologie, ils préfèrent se lancer dans une discussion très technique sur le flagelle de la bactérie – c'est leur exemple préféré d'une structure tellement complexe, selon eux, qu'elle ne peut avoir été conçue que par une

---

18. Charles Darwin, *La descendance de l'Homme et la sélection sexuelle*, réédition, Éditions Complexe, Bruxelles, 1981, p. 147.

force intelligente. Il me semble qu'il s'agit de leur part d'une stratégie consistant à multiplier les objections sur des points de détail,
en usant d'arguments très abscons que seuls des spécialistes ultra-
pointus peuvent démêler.

Pour ma part, je refuse de me lancer dans une discussion sur la
biochimie du flagelle, sujet que je ne connais pas du tout. Mais je
crois qu'il faut répondre à ces détracteurs de la théorie de l'évolution
par sélection naturelle, parce qu'ils ont tort et que leur discours
mine la confiance qu'on peut avoir en la science dans nos sociétés.
Je n'ai donc aucun scrupule à engager le dialogue sur les prédictions
de Darwin quant aux origines de l'homme. Et je recommande cet
exercice, parce qu'il me semble que l'exemple est éclatant. Voilà un
cas où nous pouvons dire: «Bravo, Monsieur Darwin».

TESTER...

Suite et fin d'une petite discussion qui me semble utile en ces
périodes de confusion intellectuelle... Tester des prédictions est
une marque reconnue de la science. Face à l'argument du dessein de
l'évêque Paley, *L'origine des espèces* en 1859 a convaincu le monde
scientifique que l'évolution par sélection naturelle est une meilleure
explication, car on peut la tester et éventuellement la prouver ou
montrer qu'elle est fausse. Par comparaison, on ne peut pas tester
l'argument du dessein intelligent, ni celui du créationnisme: ce n'est
donc pas de la science.

---

* * *

Se retrouver face à face avec un chimpanzé dans un zoo est
toujours une expérience fascinante. Il y a ce regard pénétrant qui
vous fait face, ces mains si semblables aux nôtres, cette manière de
se déplacer à moitié redressé, cette façon si familière de se gratter
le torse et la tête, ces mimiques dans un visage expressif. Nous y
voyons des reflets de nous-mêmes, une fenêtre ouverte sur notre
nature animale. Un de mes amis prétend que notre fascination est
artificielle, car elle vient uniquement de notre culture qui nous
enseigne que nous sommes proches parents du chimpanzé. Pour lui,
la seule question pertinente est de savoir à quoi pense le chimpanzé

et s'il voit en nous un animal semblable. Je suis en désaccord; il me semble que l'intérêt que la majorité des humains portent à cet animal est spontané et profond. Des expériences en psychologie montrent que les grands singes sont toujours les animaux préférés des jeunes enfants, quelle que soit leur culture d'origine. Même les bébés inuits, qui ne les connaissent pas, sont attirés par les images de singes, à égalité avec celles d'ours blancs ou de chiens.

Si nous voyons plusieurs chimpanzés ensemble, nous inter-prétons spontanément leurs comportements par rapport aux nôtres – une attitude que nous adoptons aussi face à d'autres animaux, mais encore plus avec eux. Dans ces yeux si semblables, nous cherchons un sens, une manière de communiquer, la lecture d'émotions. Cela ne nous empêche pas de ressentir aussi une certaine crainte, car nous voyons en eux de gros animaux sauvages, aux réactions imprévisibles. Non sans raison, puisqu'un gorille, un orang-outan ou un chimpanzé adulte peut facilement terrasser n'importe quel homme, même costaud. Une anecdote suffira à mettre les choses en perspective. En avril 2006, les chimpanzés d'un sanctuaire forestier du Sierra Leone ont soudainement attaqué un chauffeur de taxi et trois Américains qu'il avait amenés, des ouvriers d'un chantier voisin. Le chauffeur de taxi en est mort et les trois Américains se sont retrouvés deux mois à l'hôpital.

Même si, dans le passé, plusieurs zoologistes ou anthropologues ont tenté de nous relier plus intimement au gorille ou à l'orang-outan qu'au chimpanzé, nous savons maintenant que c'est bien de ce singe que nous sommes les plus proches. Les orangs-outans se sont séparés des autres primates supérieurs il y a environ 19 millions d'années. Les gorilles ont divergé à leur tour il y a environ 8 ou 9 millions d'années, tandis que les chimpanzés et les bonobos ont divergé de la branche qui donnera plus tard l'homme moderne il y a seulement cinq ou six millions d'années. (Après, cela se complique, mais l'image générale est celle d'un buisson évolutif éclaté avec plusieurs branches mortes avant que notre véritable ancêtre *Homo sapiens* n'émerge tout récemment, il y a envi-ron 200 000 ans.)

* * *

Le fait que, selon la biologie moderne, l'homme et le chimpanzé sont plus proches que ce que nous pensions il y a deux siècles reste assez dérangeant pour nombre de nos contemporains, même 150 ans après que Darwin ait pointé dans la bonne direction. Ce qui fait débat, ce sont de «petits chiffres assassins», des pourcentages mesurant cette proximité. On parle généralement de 99% de ressemblance génétique entre l'homme et le *chimp*, 98,8% selon certaines versions. Ces chiffes et leur expression inverse, soit l'affirmation que nous différons du chimpanzé par à peine un pour cent sur le plan génétique, méritent d'être mis en contexte. Commençons donc par un arrêt sur image. Que dit vraiment la génétique moderne sur ce plan?

Les premières comparaisons de l'ADN des primates supérieurs, au cours des années 1980, utilisaient une technique un peu rudimentaire, dite d'hybridation d'ADN. Celle-ci revient à comparer des points de repère sur l'ensemble du génome. Elle permet d'aboutir à des estimés approximatifs. C'est ainsi qu'on a conclu que l'homme et le chimpanzé avaient en commun 99% de leur ADN; l'homme et le gorille, 97%, et l'homme et l'orang-outan, 96%.

Lorsque, 15 ans plus tard, on s'est mis à séquencer les génomes, la comparaison est devenue plus précise (le séquençage est le procédé par lequel on détermine l'ordre des acides aminés dans les protéines ou l'ordre des nucléotides dans les portions d'ADN qui y correspondent). Les chercheurs ont constaté que l'homme diffère effectivement de très peu de son plus proche parent animal, le chimpanzé, soit 1,2% dans les bases qui peuvent être alignées, c'est-à-dire comparées exactement entre les deux espèces. Cela confirmait donc les données précédentes. En termes de protéines correspondantes, la différence est de deux acides aminés en moyenne pour une protéine donnée. De quelque manière qu'on regarde les choses, le chimpanzé est notre plus proche cousin. Un ancêtre commun à ces deux espèces a bel et bien existé il y a quelque six millions d'années; nous avons sa marque évidente dans nos gènes.

Toutefois, cette proximité renferme un paradoxe frappant. Car, c'est entendu, nous ressemblons terriblement à *Pan troglodytes*, mais nous sommes aussi très différents. Par comparaison *Homo sapiens*, qui vit bien plus longtemps, est plus grand, complètement redressé, moins poilu, possède des bras plus courts, un bassin plus large, une mâchoire plus petite et un cerveau quatre fois plus gros. Ce ne sont pas de minces détails anatomiques. Nous seuls avons accès au langage, manions les mots et les chiffres, suivons des rites religieux complexes, cuisinons des *chowmein* et des *ossibuchi* – des plats compliqués dont l'origine géographique et historique nous importe. Nous seuls posons des questions sur notre degré de parenté avec les chimpanzés. Comment tout cela peut-il être possible à partir d'une différence génétique si minime? Avonsnous des gènes «uniquement humains» et que font-ils?

* * *

De nos jours, peu de zoos gardent encore des chimpanzés en captivité. Ces animaux sont protégés en nature et un débat éthique intense s'est engagé sur la captivité, ouvrant les esprits... et les cages. C'est probablement mieux ainsi. Contentons-nous de les protéger et de les regarder à la télévision : merci à la grande dame qu'est Jane Goodall. Mais peut-être avez-vous eu l'occasion comme moi d'observer des chimpanzés dans quelques zoos, où ils sont bien traités. Je me souviens d'une scène en particulier, dans un zoo américain. C'était l'heure du repas. Dans sa cage, le chimpanzé attaquait son repas. Sa puissante mâchoire broyait les jeunes pousses d'arbustes, en extrayant les sucs et les feuilles, qu'il mastiquait longuement. J'étais fasciné.

La force de cette mâchoire est un des traits qui distingue le chimpanzé de l'homme. En particulier, un des muscles qui permettent à la mandibule de se fermer, le temporal, est beaucoup plus puissant chez notre cousin direct (c'est le muscle qu'on sent se tendre sur la tempe, en avant et au-dessus de l'oreille, lorsqu'on ferme lentement la mâchoire et qu'on relâche la pression aussitôt). Chez le chimpanzé, la surface du crâne sur laquelle le muscle est attaché est comparativement beaucoup plus grande.

En quoi ce détail est-il important? Il se trouve qu'en 2004, l'équipe de Hansell Stedman, de l'Université de Pennsylvanie, a remarqué que le gène responsable de la force du muscle temporal avait subi une mutation chez l'homme, par rapport aux chimpanzés, aux gorilles et aux macaques. En fait, la force du muscle dépend d'une protéine, MYH 16, pour *Mysosin Heavy Chain*. On en connaît une mutation qui empêche cette protéine de se former, la conséquence étant que les fibres du muscle temporal sont de taille réduite chez l'homme. Marck Stedman est parvenu à démontrer que l'inactivation de MYH 16 chez l'homme est intervenue lors de l'évolution, il y a environ 2,7 à 2,1 millions d'années. Ce qui nous place un peu avant *Homo habilis*, mais clairement dans la période d'émergence du genre *Homo*. Sachant par ailleurs que cette période correspond à un accroissement spectaculaire de la taille du cerveau des hominidés, il est tentant de voir en MYH 16 un gène primordial de différence entre l'homme et le chimpanzé.

Homo sapiens, comme on le sait, se distingue par un cerveau encore plus gros que celui d'*Homo habilis* et une mâchoire plus petite… la mutation du gène synthétisant la protéine MYH 16 a-t-elle été un jalon décisif sur cette route? On ne peut le dire pour l'instant, car on ne peut relier cette étape dans une chaîne de causes. En fait, il est possible que la réduction de la mâchoire ait permis à la voûte crânienne de s'élargir, comme il est aussi possible que ce soit, à l'inverse, la conséquence d'autres changements anatomiques, eux-mêmes sous le contrôle de gènes ayant joué un rôle encore plus décisif dans l'évolution.

Il reste que ce gène est le second à être impliqué dans la différence évolutive entre l'homme et le chimpanzé. Quelques années plus tôt, on avait débusqué un autre gène de ce type – une histoire qui mérite d'être racontée en quelques mots, même si, comme dans le cas de MYH 16, il est difficile d'en tirer des conclusions fermes.

Au début des années 1990, des chercheurs anglais étaient intrigués par un curieux trouble de langage observé au sein d'une famille de la banlieue de Londres. La moitié des membres de cette famille élargie (20 sur 40, répartis sur trois générations) éprouvaient de grandes difficultés à articuler les mots et à comprendre la syntaxe et la grammaire. Ce n'est qu'au prix de gros efforts qu'ils arrivaient à parler, à l'âge adulte. Étaient-ils victimes d'une mutation sur un gène essentiel au langage? Comme cela intervenait dans une même famille, ce trait semblait hérité, mais il a fallu huit ans pour mettre la main sur le gène coupable, qu'on a baptisé Fox P2.

La suite est passionnante. Des études ont démontré que tous les humains qui parlent normalement possèdent la même version de Fox P2, dans toutes les cultures et sous toutes les latitudes, mais pas les personnes atteintes dans cette famille anglaise, *ni aucun primate supérieur*. Les chimpanzés, en particulier, ne possèdent pas le gène Fox P2 «humain», mais une variante avec deux bases de différence seulement. On ne sait toujours pas dans le détail ce que fait ce gène très exactement, mais on sait qu'il s'exprime beaucoup dans le cerveau et qu'il agit en cascade sur d'autres gènes. C'est donc un gène régulateur. Compte tenu du faible nombre de gènes différents entre les deux espèces, il n'est pas surprenant de tomber sur un tel type de gène.

On trouvera certainement d'autres gènes distinctifs dans les années à venir. Il en existe manifestement dans le système reproductif et dans le système immunitaire. Les chimpanzés sont en effet affectés de manière différente des humains par les virus et les bactéries. Par exemple, ils sont résistants à la malaria, alors que nous y sommes sensibles; par contre, ils sont plus touchés par la tuberculose. On s'attend aussi à ce que leurs gènes olfactifs soient différents ou plus nombreux, car leur odorat est beaucoup plus développé que le nôtre. Mais la grande différence est celle du cerveau. Quel chemin évolutif nous a permis de nous retrouver avec cet organe surdéveloppé par rapport à celui de notre plus proche cousin?

* * *

Ici, la science est encore balbutiante et il n'existe actuellement pas de consensus. D'aucuns estiment qu'on va bientôt identifier une série de gènes qui expliqueront la différence. Selon eux, la clé résiderait dans l'expression de ces gènes. Un exemple serait la protéine ASPM qui pourrait être responsable, en partie du moins, de la taille du cerveau; un autre exemple est celui d'un gène découvert en 2005 qui s'exprime beaucoup plus chez l'homme que chez le chimpanzé dans une région du cerveau impliquée dans le raisonnement supérieur. Ces percées isolées ne fournissent pas de vue d'ensemble, mais l'hypothèse reste qu'un assez petit nombre de mutations génétiques entre les deux espèces pourraient fort bien tout expliquer, s'il s'agit de gènes régulateurs impliqués dans le développement du cerveau, les fameux gènes architectes.

Toutefois, cette hypothèse ne fait pas l'unanimité. En particulier, le neurobiologiste Robert Sapolsky, de l'Université Stanford, défend une théorie alternative. Il pense que la solution au paradoxe du 1,2% ne se trouve pas dans l'existence des gènes différents, ou s'exprimant différemment, mais tout simplement dans le nombre total de neurones. Dans un article publié en avril 2006 dans la revue *Discover*, Sapolsky commence par rappeler qu'en dépit de l'évidente différence de taille du cerveau, il existe peu de caractères propres à l'homme.

Par exemple, il existe chez le chimpanzé des zones fonctionnelles équivalentes à nos aires du langage, les zones de Broca et de Wernicke. Celles-ci sont asymétriques dans le cerveau humain, leurs équivalents le sont aussi dans le cerveau du chimpanzé. Par ailleurs, les deux espèces ont les mêmes neurones, les mêmes neurotransmetteurs, les mêmes mécanismes pour les faire circuler. Mais, ah... voici une différence notoire! Sapolsky tombe en arrêt sur le fait que chez l'homme, il y a nettement plus de neurones, et que ceci apparaît au cours du développement embryonnaire, à la mise en place du cerveau.

Au début, explique Sapolsky, tous les embryons ont une première cellule destinée à se diviser et en donner deux autres, puis 4, puis 8, puis 16, etc. Il écrit:

> Après une douzaine de divisions cellulaires, vous avez en somme assez de neurones pour faire un escargot. Continuez 25 divisions de plus, vous avez un humain. Arrêtez-vous quelques divisions plus tôt, et vous avez un chimpanzé. Les résultats sont très différents, mais en fait, très peu de gènes déterminent le nombre de divisions cellulaires dans le système nerveux. Et ce sont précisément ces gènes, ceux impliqués dans le développement neuronal, qui apparaissent sur la liste des différences entre le génome du chimpanzé et celui de l'homme. C'est bien cela: c'est la solution du deux pour cent. D'une simplicité choquante![19]

Dans le fond, l'hypothèse soulevée par Sapolsky n'est pas très éloignée de celle des gènes architectes, elle n'en est qu'une variante, voulant que les gènes commandant la synthèse des neurones du

---

19. Robert Spolsky, «The 2% difference», *Discover*, avril 2006, p. 45.

cerveau jouent ce rôle de gènes régulateurs-qui-font-toute-la-différence. Je salue l'enthousiasme de Sapolsky et j'apprécie le côté brillant de sa solution, mais je suis obligé de constater qu'il n'en propose aucune démonstration, ni l'ombre d'une preuve. Ce n'est qu'une hypothèse séduisante, certes, mais spéculative.

Elle illustre, me semble-t-il, que nous n'en sommes qu'au début de l'exploration de la base génétique de la différence homme-chimpanzé. La science commence à peine à pouvoir aligner les séquences des génomes des deux espèces, elle constate des différences, de mystérieuses duplications de morceaux d'ADN (plus nombreuses chez l'homme que chez les autres primates). Et parfois, par chance, comme pour MYH 16 et Fox P2, les chercheurs tombent sur un gène particulier. Voilà qui est excitant, mais on est loin d'avoir un inventaire des différences et de la manière dont elles sont apparues dans un déroulement évolutif de 12 millions d'années.

Peut-être par ailleurs devrions-nous résister à la tendance de voir une explication finale dans l'existence de «gènes distinctifs». L'étude des variations entre les espèces, et à l'intérieur de l'espèce humaine, a montré que les changements évolutifs se manifestent lentement, à travers de nombreux gènes, chacun étant responsable d'un petit effet s'additionnant à un autre. On a aussi de bonnes raisons de croire que les différences dans le nombre des gènes ne sont pas les plus importantes du point de vue évolutif. Enfin, comme nous l'avons vu dans de précédents chapitres, les «kits de base» génétiques sont très semblables chez les mammifères, et c'est plutôt la façon de s'en servir qui fait la différence. L'image qui me vient à l'esprit à ce propos est celle citée par Sean B. Caroll dans son livre, un clin d'œil au musicien Eric Clapton à propos de la guitare, «tout est dans la manière de s'en servir». Tous les guitaristes seraient probablement d'accord: ce n'est pas l'instrument qui compte, mon pote, mais le jeu des doigts sur le manche!

Finalement, tout cela permet peut-être de résoudre aussi bien le paradoxe du 1,2% que celui de la diversité du vivant. L'origine de ces deux phénomènes semble la même et il me semble que c'est l'évo-dévo qui détient la réponse: de petites modifications dans les gènes régulateurs peuvent accroître rapidement la complexité des systèmes et contribuer de manière significative à la diversité des espèces. Ça y est... comme Robert Sapolsky, vous m'excuserez, mais je viens d'avoir une illumination. C'est cela, c'est la solution au parodoxe du 1,2%. «D'une simplicité choquante!».

TROISIÈME PARTIE

Quand l'homme bouscule l'évolution

9. Des parasites en accéléré

Tentons un résumé, un peu à la manière de ces détectives de roman policier à la veille de résoudre l'énigme à laquelle ils sont confrontés. L'évolution biologique repose sur deux moteurs principaux: la *variabilité* dans les populations, un phénomène dû à l'existence de mutations génétiques aléatoires, et la *sélection naturelle*, un phénomène que Darwin appelait «descendance avec modification» et que les biologistes modernes nomment «reproduction différentielle». Ces deux moteurs agissent en continu au fil du temps profond, sur des milliards et des milliards d'individus. Ils agissent de manière aveugle, mais à partir de matériaux de base. Si bien que, selon l'expression de François Jacob, on assiste au jeu des possibles. À chaque génération, un certain nombre de possibles sont produits. Certains vont survivre et se reproduire, d'autres non. Des formes nouvelles vont apparaître – à cet égard, on a vu l'importance des gènes agissant dans le développement embryonnaire – et de temps en temps, des innovations vont surgir. Si elles se révèlent avantageuses, dans le sens où elles permettent une meilleure adaptation des individus à leur environnement, elles seront conservées ; dans le cas contraire, elles disparaîtront. L'homme, dans tout cela, n'est ni un aboutissement, ni le fruit d'une planification; comme toute espèce, il est le résultat du hasard.

Il reste que nulle espèce sur Terre n'a pesé aussi lourd que l'homme sur son milieu et sur les autres espèces. Par sa prédation d'animaux chassés ou pêchés, par sa domestication des plantes et des animaux et par son expansion démographique à la surface de la Terre, l'homme a créé un bouleversement inégalé dans la nature. Certes, l'histoire de la vie sur Terre montre que de grandes perturbations ont eu lieu, mais jusqu'ici les causes en étaient purement naturelles. Les paléontologues ont en effet retracé dans les roches des phases de disparition totale et rapide d'espèces, suivies de phases de reconstruction. C'est ce qu'on appelle les extinctions massives: il y en aurait eu cinq principales dans l'histoire de la vie. Les experts les attribuent soit à des causes internes, comme un volcanisme intense ou de grandes variations climatiques, soit à des causes externes, comme la chute de météorites venus de l'espace. Ainsi, la cinquième extinction massive, qui a emporté les dinosaures il y a quelque 65 millions d'années, serait due à la chute d'un météorite géant dont on a retrouvé les traces de l'impact dans la région du Yucatan.

Depuis quelques milliers d'années, les extinctions d'espèces se déroulent à une cadence tellement rapide que les paléontologues n'hésitent plus à parler d'une sixième extinction de masse, due cette fois aux humains. L'Américain Niles Eldredge fait remonter à 30 000 ans avant l'époque moderne le début d'une accélération phénoménale de ces extinctions. Il fait valoir que déjà à cette époque, les humains chassaient massivement une méga faune préhistorique dont on peut suivre la disparition progressive, notamment en Europe et en Australie. Lors du développement de l'agriculture et de l'élevage, il y a environ 10 000 ans, une autre étape est franchie. De nombreuses plantes sauvages disparaissent, les mammifères domestiqués perturbent profondément les écosystèmes, le déboisement s'accélère – qu'on songe un instant que la Grèce antique était couverte de forêts.

Après ce tournant de la sédentarisation humaine, tout se met à aller très vite, du seul fait d'une démographie en progression quasi exponentielle. En simplifiant, disons qu'on comptait à peine 100 000 humains il y a une centaine de siècles, un milliard il y a environ un siècle et demi, et plus de six milliards aujourd'hui. La nature est assaillie, les plantes et les animaux qui ne sont pas cueillis ou chassés voient leurs habitats rétrécir comme une peau de chagrin. Aujourd'hui, à l'exception des pôles, où la vie est limitée, il n'existe pratiquement pas de coin de la planète qui échappe à l'emprise humaine. Selon les inventaires de l'Union internationale de conservation de la nature, en ne comptant que les mammifères, nous aurions rayé de la carte 800 espèces en quelques siècles, soit un cinquième du total existant. Aujourd'hui, la chasse intensive et la surpêche menacent de disparition un nombre inégalé d'espèces.

Certes, l'ampleur exacte de la crise de la biodiversité planétaire reste un sujet hautement débattu, qui déborde le cadre de ce livre. Peut-être, comme le prétendent certains experts, nous faudra-t-il effectivement quelques siècles pour bien évaluer l'étendue de cette sixième extinction. Les grandes extinctions du passé se sont déroulées sur des dizaines et des centaines de milliers d'années. Aussi peut-on légitimement affirmer que le recul dont nous disposons actuellement n'est pas suffisant. Mais d'ores et déjà, l'action de l'homme se compare à celle de cataclysmes naturels. Ce n'est pas banal de constater que l'humanité a causé autant de ravages qu'une centaine d'années de volcanisme intense ou que la chute d'un météorite géant!

* * *

Lorsqu'une espèce, une seule, exerce un pouvoir aussi puissant que le nôtre, quelles en sont les conséquences sur l'évolution? Bien entendu, l'homme n'exerce pas directement le pouvoir de la sélection naturelle, et il ne brasse pas directement les gènes des espèces (encore que dans certains cas, il commence à le faire – nous y reviendrons dans le chapitre 11). Mais, du simple fait qu'il fait disparaître de nombreuses espèces animales ou végétales, qu'il ralentisse ou accélère l'expansion planétaire d'autres espèces, il agit sur l'évolution, et de manière tout à fait instantanée et contemporaine au regard du temps profond géologique. Les exemples les plus frappants de cette action concernent, d'une part, la surpêche (une question que nous aborderons dans le prochain chapitre) et, d'autre part, l'évolution de la résistance aux bactéries et aux virus pathogènes. Mais pour bien situer le propos, il faut d'abord entrer dans le petit monde de la co-évolution ou du parasitisme.

Le parasitisme est une dimension fondamentale du vivant. En fait, on ne connaît pratiquement pas d'organismes un peu complexes sans parasites. Un nombre considérable d'espèces de virus, de bactéries et d'insectes ne peuvent vivre qu'à l'intérieur d'organismes hôtes ou en symbiose avec ceux-ci. Ils s'accrochent à eux, ils leur subtilisent nourriture et abri. La relation peut être à sens unique – parasitisme simple – ou bien elle peut servir les deux espèces – on parle alors de symbiose ou de mutualisme.

Elle touche tous les règnes et conduit à des alliances étonnantes, par exemple entre des ruminants et des oiseaux qui les débarrassent d'insectes piqueurs. Le parasitisme se déroule parfois à l'intérieur de la même espèce : certains poissons mâles nains s'accrochent au flan des femelles de leur espèce et mangent les restes alimentaires qu'elles leur laissent. Les coucous, quant à eux, utilisent la ruse en pondant dans les nids d'espèces voisines. Une fois l'œuf éclos, le nouveau-né s'empresse de chasser les oisillons «légitimes» autour de lui, devenant ainsi l'unique bénéficiaire de la nourriture apportée par ses parents adoptifs, qui se laissent berner.

LA STRATÉGIE DE LA PETITE DOUVE

Dans le monde du parasitisme, que de stratégies étonnantes ! Prenez celle de la petite douve du foie. C'est un trématode qui parasite des moutons et les vaches. Au départ, ses œufs sont expulsés dans les excréments des animaux infectés et sont mangés par certains types de fourmis. Mais comment revenir au mouton ou à la vache ? La petite douve a recours à une ruse : elle modifie le comportement de son hôte en l'incitant à grimper sur un brin d'herbe. La fourmi attend alors la mâchoire de ruminant qui va l'enfourner en même temps que le brin d'herbe. Plus exactement, c'est sa larve, installée dans le système nerveux de son hôte, qui change le comportement normal de la fourmi. Une fois rendue dans l'estomac de son hôte final, disons un beau mouton adulte, la petite douve se déplace vers le foie et s'attaque à ce nouvel organe. Elle retourne dans l'estomac pondre des centaines d'œufs, puis elle meurt et le cycle recommence.

Globalement, comme l'explique Claude Combes dans *Les associations du vivant, L'art d'être parasite,* le parasitisme aboutit à une course évolutive entretenue par les espèces partenaires. L'individu qui parasite doit trouver un individu de l'espèce hôte. C'est sa mission, elle est d'une nécessité absolue ; sans hôte, il ne vivra pas, il ne transmettra pas ses gènes. L'hôte, quant à lui, lutte constamment pour éviter cette relation ou pour en amoindrir les effets négatifs. Dans cette espèce, les gènes qui sont sélectionnés par l'hôte au cours de l'évolution sont ceux qui lui permettent soit d'éviter l'envahisseur, soit de le neutraliser ou encore mieux, de le tuer, notamment des gènes défensifs de son système immunitaire. De son côté, le parasite affine ses armes au fur et à mesure. Chez lui, la sélection naturelle va favoriser les gènes qui lui permettent de rencontrer son partenaire, pénétrer dans son corps ou s'accrocher à lui. On assiste à une véritable course aux armements.

Mis à part la dimension génétique, qu'il ignorait bien évidemment, Charles Darwin avait bien décrit ces phénomènes naturels. Il les avait qualifiés de co-adaptation; les biologistes contemporains nomment plutôt co-évolution ces phénomènes. Mais sont-ils accidentels, sans conséquences profondes, ou bien représentent-ils une force fondamentale dans l'évolution? On a longtemps penché pour la première solution. La co-évolution était considérée comme une illustration de la capacité d'adaptation des êtres vivants, point à la ligne. Mais en 1973, un chercheur de l'Université de Chicago, Leigh Van Valen, a relancé le débat en avançant ce qui est maintenant connu comme étant «l'hypothèse de la Reine rouge».

L'expression est empruntée au roman de Lewis Carroll, *De l'autre côté du miroir*, dans lequel Alice tient la Reine rouge par la main et court avec elle au pays des Merveilles. Essoufflée par sa course, Alice constate avec étonnement que le paysage alentour ne change pas. Elle interroge la Reine rouge, qui lui répond qu'elles courent pour rester sur place, et c'est la raison pour laquelle le paysage ne change pas: «Dans notre pays à nous, dit Alice, encore un peu haletante, si on courait très vite pendant longtemps, comme nous venons de le faire, on arriverait généralement quelque part, ailleurs.» «Un pays bien lent! dit la Reine. Tandis qu'ici, voyez-vous bien, il faut courir de toute la vitesse de ses jambes pour simplement rester là où on est. Si on veut aller quelque part, ailleurs, il faut courir au moins deux fois plus vite que ça!»

Pour Van Valen, c'est exactement ce qui se passe dans la co-évolution: les espèces en conflit courent au sens où elles inventent constamment de nouvelles adaptations, mais il se produit un équilibre de part et d'autre dans cette «course aux armements», si bien que rien ne change fondamentalement. Élargissant son hypothèse aux relations entre prédateurs et proies, Van Valen postule que ces espèces en concurrence sont *prisonnières* d'une course à l'évolution permanente. Au fil de l'évolution, les prédateurs arrivent de mieux en mieux à trouver des proies et à les attraper, et celles-ci arrivent de mieux en mieux à leur échapper. Les deux parties deviennent de plus en plus performantes, mais leur nombre relatif ne change pas ou alors seulement à court terme.

* * *

Appliquée à l'homme, la notion de course aux armements entre hôte et parasites s'éclaire sous un angle nouveau. Au sens strict, l'homme a effectivement des parasites qui vivent à ses dépens. Nous avons affaire à de minuscules animaux comme des vers, mais aussi et surtout à des organismes unicelllulaires comme les amibes et les paramécies qui causent de terribles maladies. À eux seuls, le paludisme et les schistosomiases tuent plus de 2 millions de personnes par année dans le monde.

Mais c'est avec les bactéries et les virus pathogènes que la course aux armements prend tout son sens. Certaines bactéries, on le sait, peuvent submerger très rapidement le système immunitaire humain. Les virus, quant à eux, sont incapables de se multiplier par division; ils ont absolument besoin d'utiliser une cellule-hôte. Ce sont des parasites «obligés».

Depuis que nous avons identifié ces ennemis, soit à peine deux siècles, nous en avons fait la cible de notre artillerie médicale. Après des débuts un peu chaotiques, faits d'essais et d'erreurs, l'arsenal de bataille s'est perfectionné.

Pendant la Seconde Guerre mondiale, la découverte de la pénicilline a constitué une percée majeure contre les bactéries. Aussitôt, l'industrie pharmaceutique a pu mettre au point une série d'antibiotiques. Mais après une période dorée de victoires sur les bactéries, nous avons dû déchanter. Nos ennemis se défendaient, ils devenaient résistants aux missiles que nous leur adressions. Aujourd'hui, la résistance des bactéries aux antibiotiques est très fréquente et elle s'étend à plusieurs antibiotiques en même temps. Un exemple: au lieu de 10 000 unités de pénicilline par jour il y a 15 ans, le traitement contre certaines souches de streptocoques A exige maintenant 24 millions d'unités. Dans certains cas, ce n'est même pas suffisant et l'infection est fatale. Autre exemple : le staphylocoque doré, un ennemi redouté des plaies postopératoires, est devenu successivement résistant à la pénicilline, à la streptomycine, à la tétracycline, à la méthicilline, et même parfois à la vancomycine, l'antibiotique de la dernière chance jusqu'à tout récemment.

Que s'est-il passé ? Un phénomène très important qui s'explique par l'évolution, mais qu'on n'avait jamais rencontré auparavant, tout simplement parce que ce sont les hommes contemporains qui l'ont causé, et en très peu de temps. Premier mécanisme : la résistance aux antibiotiques se produit lorsqu'une dose d'antibiotiques trop faible ou prise de façon incomplète n'élimine que les bactéries les plus faibles ; par sélection naturelle, les bactéries les plus fortes survivent et se répandent encore plus. Second mécanisme : le développement de résistance peut être une réaction à l'antibiotique ; par mutation, la bactérie modifie sa structure. En conséquence, le médicament n'arrive plus à pénétrer la membrane de la bactérie. À cela s'ajoute un troisième phénomène, dont on commence à peine à mesurer l'importance : la résistance aux antibiotiques est amplifiée par l'étonnante capacité des virus et bactéries à s'échanger des gènes par contact, ce qu'on appelle le transfert génétique horizontal (car non généalogique) entre bactéries ou même de virus à bactérie.

Dans le cas des virus, les antibiotiques ne sont pas efficaces, on le sait, mais depuis peu, il existe de bons médicaments antiviraux. De manière générale, les stratégies pour lutter contre l'infection sont limitées par les caractéristiques des virus. Étant donné que ces derniers utilisent la machinerie cellulaire de l'hôte pour se reproduire à l'intérieur même de la cellule, il est difficile de les éliminer sans tuer la cellule-hôte. Une approche possible est alors la vaccination, mais ce n'est pas toujours possible et là encore, il faut vaincre la capacité du parasite à muter rapidement. Le plus bel exemple est sans doute celui du VIH. Une personne infectée par ce virus se transforme en un véritable terrain d'expérimentation de l'évolution : le virus s'adapte continuellement au système immunitaire de l'hôte et aux médicaments utilisés contre lui.

Tout ceci semble un peu décourageant, mais pour peu qu'on se mette à raisonner en termes d'évolution, il existe peut-être des voies qui mériteraient d'être explorées. Dans son livre *The Evolution Explosion*, le biologiste Stephen Palumbi, de l'Université Harvard, propose quelques pistes intéressantes :

> Les médicaments sont évalués selon leur capacité de tuer les virus. Très bien. Mais le virus n'est pas le seul ennemi que nous affrontons, il y a aussi l'*évolution* du virus. Peu de médicaments sont évalués sur la base de leur capacité à bloquer ce processus, mais ils devraient l'être.
>
> Dans les cas où la résistance est inévitable, nous devons être conscients que le choix de médicaments dirige la trajectoire évolutionniste du virus. Pourquoi ne pas utiliser cette possibilité pour amener le virus dans un cul-de-sac évolutif, et après cela, lâcher alors nos meilleures armes pharmaceutiques pour l'achever[20] ?

Ce biologiste réputé résume ainsi sa proposition :

> Le VIH évolue et nous menace. Pour survivre aux capacités évolutives du VIH, nous devons donc apprendre à contrôler son évolution[21].

L'idée est originale, et il ne semble pas qu'elle ait été explorée à fond. À quand un *task force* international de spécialistes en évolution pour trouver la stratégie qui va forcer le virus du VIH dans ses derniers retranchements ? Ne peut-on pas imaginer qu'après avoir accéléré l'évolution de nos parasites bactériens et viraux, nous pourrions en quelque sorte nous rattraper en reprenant le contrôle et en dirigeant leur évolution ?

---

20. Stephen Palumbi, *The Evolution Explosion*, p. 130.
21. *Ibid.*, p. 130.

10. Saumons sous influence

Je garde un souvenir éblouissant de saumons de l'Atlantique. C'était au bord d'une rivière en Gaspésie, en septembre. Il faisait frais, il avait plu et l'eau avait une couleur crémeuse. Trois pêcheurs étaient installés à gué avec leurs longues cuissardes, au bord de ce qu'on appelle précisément une «fosse à saumon», un trou dans lequel les poissons se reposent lorsqu'ils remontent la rivière. Leurs cannes à pêche fouettaient l'air élégamment, les mouches effleurant à peine la surface de l'eau. Mais en vain… Pendant l'heure où je suis resté à les observer, assis sur un rocher, les lignes à pêche se sont tendues plusieurs fois, mais ce n'était que de fausses alertes.

À force de me concentrer sur une zone au pied de mon rocher, deux fois j'ai vu passer une forme sombre et allongée qui aurait bien pu être un saumon de l'Atlantique, mais je ne saurais en jurer. C'est plus bas sur la rivière, là où on avait installé une passe migratoire sous forme d'un grand escalier de bois dans lequel une eau jaune dévalait, que j'ai pu les voir de près. Des saumons adultes, des géniteurs remontant leur rivière natale, certains pour la première et unique fois de leur vie, d'autres pour la deuxième ou troisième fois, puisque cette possibilité existe dans cette espèce. Ces poissons taillés pour la course et la bataille, longues silhouettes argentées de 50 à 90 centimètres de long, franchissaient les marches grâce à de vigoureux coups de queue, tout leur corps arqué en mouvement. De superbes animaux admirablement adaptés à une tâche très difficile, quand on pense à la force du courant et à la longueur de la rivière.

Comment dire, autrement que spontanément, mon admiration envers les saumons? J'aime leur allure, leur force physique et leur diversité – deux genres, l'un formé d'une seule espèce, le saumon de l'Atlantique et l'autre, de sept espèces, dans l'océan Pacifique. J'aime leur cycle de vie complexe, de leur naissance en eau douce à leur adolescence en eaux vives, puis à leur vie adulte en mer, jusqu'à leur légendaire retour pour lutter, frayer et mourir dans leur rivière natale. Un parcours superbement romantique!

À l'automne 2006, lors d'un reportage pour l'émission *Découverte* de Radio-Canada, j'ai pu admirer des saumons Sockeye remontant pour frayer dans leur rivière natale. Quel spectacle! Cette année-là, dans le bassin de la rivière Adams, deux millions et demi de saumons avaient entrepris le voyage depuis l'océan, mais comme d'habitude, la majorité avait péri en chemin. En plus du courant, du stress du voyage et des parasites, le saumon doit affronter la pêche commerciale dans les détroits en mer et sur la partie inférieure du fleuve Fraser, la pêche sportive et la pêche dite traditionnelle des Amérindiens (ce qualificatif n'empêchant nullement d'utiliser d'énormes filets manœuvrés à l'aide de puissants hors-bord, une technique qui ne laisse aucune chance au poisson).

À ce stade, le saumon ne s'alimente pas, il vit sur ses réserves. Les mâles ont vu pousser un *snout*, une sorte de bec menaçant qui va leur servir dans les batailles à la conquête des femelles. Si la chair du Sockeye semble de plus en plus rouge au fur et à mesure de sa migration, c'est parce que le contenu en gras a diminué, la peau devenant presque transparente sur les muscles rouges. Et d'ailleurs, il n'est plus bon à consommer: trop sec, peu savoureux.

Toujours est-il qu'un jour, dans un dernier effort, le saumon chanceux arrive au point où la rivière Adams se jette dans le lac Shuswap (autre mystère fascinant, il semble qu'il retrouve son lieu de naissance grâce à la mémoire qu'il conserverait de l'odeur unique de son eau). Dans ce passage, le courant est très fort, et beaucoup de saumons échouent face à cet ultime obstacle. Mais s'ils réussissent, ils trouvent, à peine 300 mètres en amont, une rivière plus calme, au lit élargi. Le ballet du frai peut commencer. L'eau est traversée de reflets rouges tellement ils sont nombreux. Les couples se forment et se défont, à cause des bagarres entre mâles. Les femelles pondent des milliers d'œufs à la fois. Les mâles les couvrent aussitôt de leur laitance… c'est le début d'une nouvelle vie. Ils vont frayer et mourir, irrémédiablement, quelques jours plus tard. Au printemps, les œufs vont éclore et un nouveau cycle de quatre ans va commencer.

* * *

Les saumons ont une histoire évolutive compliquée. Bien avant l'homme, il y a une cinquantaine de millions d'années, durant l'Éocène, vivait le plus vieux saumon dont on ait retrouvé les fossiles. L'*Eosalmo driftwoodensis* a été découvert en 1977 dans les sédiments de Driftwood Creek, près de Smithers en Colombie-Britannique, par un paléontologue de l'Université de l'Alberta. Bien qu'il ne fasse qu'une trentaine de centimètres, on reconnaît déjà la silhouette élancée des saumons, truites, ombles et corégones auxquels il donnera naissance. Les sédiments où on le retrouve sont typiques d'un lac d'eau douce ou d'une rivière. Et comme on a trouvé des spécimens de tous les âges dans cette formation géologique, on a conclu que cet ancêtre ne descendait pas vers la mer pour grandir. Par la suite, dans la première moitié du Miocène, il y a entre 15 et 20 millions d'années, les deux principaux genres ont émergé. D'un côté, *Salmo*, qui allait coloniser l'Atlantique Nord avec *Salmo salar*, soit les rivières d'Europe et de l'est de l'Amérique; de l'autre, *Oncorhynchus* qui se chargerait de l'océan Pacifique Nord et des rivières qui s'y déversent, à l'est comme à l'ouest (sept espèces: Sockeye, Chinook, saumon rose, Chum ou Keta, Coho, Masu et Amago, ces deux derniers ne se retrouvant que du côté asiatique). Selon les fossiles, ce foisonnement d'espèces du côté Pacifique s'est déroulé du milieu du Miocène, vers 13 millions d'années, au début du Pliocène, vers 2 millions d'années.

Ce que les fossiles n'arrivent pas à montrer, mais que les analyses génétiques ont révélé, c'est que quelque part entre 25 et 100 millions d'années avant aujourd'hui – désolé pour l'imprécision –, une petite erreur génétique aurait rendu les salmonidés tétraploïdes. Cela veut dire qu'au lieu d'avoir une paire de chacun de leurs chromosomes, comme l'immense majorité des animaux, ils en ont plutôt quatre copies. Normalement, ce type de mutation est fatal et l'animal qui la porte meurt peu de temps après sa naissance. Mais dans quelques rares cas, elle peut ne pas affecter la survie et donner simplement des individus avec deux fois plus de gènes que la moyenne. L'avantage pour une espèce, c'est que des mutations nouvelles peuvent apparaître dans ces nouvelles copies des chromosomes sans courir trop de risque puisqu'une copie de sûreté peut assurer le bon fonctionnement de l'organisme. Donc, une mine d'expérimentations possibles pour la sélection naturelle…

Souvent, les espèces qui deviennent tétraploïdes sont physiquement un peu plus robustes que leurs homologues normaux. Un avantage qui a peut-être eu une influence sur le succès évolutif des saumons et qui expliquerait les nombreuses espèces qui peuplent le Pacifique. Mais cet avantage, le saumon de l'Atlantique l'a eu lui aussi. Pourquoi alors ne retrouve-t-on aujourd'hui qu'une seule espèce? David Montgomery, géologue à l'Université de l'État de Washington à Seattle, a proposé une hypothèse séduisante.

Dans un article paru en 2000, il fait remarquer que la période pendant laquelle les saumons du Pacifique ont connu leur intense radiation en a été une d'importants réarrangements géologiques et topographiques à l'ouest de l'Amérique du Nord. La chaîne de l'Alaska, la chaîne côtière de la Colombie-Britannique, celle des Cascades et les autres plus au sud se sont toutes mises en place durant cette période, en réponse à une intense activité volcanique dans cette grande région. À l'opposé, du côté atlantique, la formation des Appalaches ayant eu lieu beaucoup plus tôt et s'étant stabilisée il y a 70 millions d'années, l'activité géologique est restée relativement stable, à peine perturbée par le passage des glaciers et les changements de niveau marin. Ces deux zones aux paysages géologiques si diamétralement opposés pourraient-elles expliquer les destins si différents des genres *Salmo* et *Oncorhynchus?* C'est possible, selon Montgomery, car les bouleversements géologiques qu'a connus l'ouest du continent ont créé des barrières naturelles, ont détourné des cours d'eau et ont peut-être isolé des populations au point de faire apparaître de nouvelles espèces. En fait la spéciation n'est pas encore terminée, car certaines espèces de saumons du Pacifique peuvent produire des hybrides viables lorsqu'elles se reproduisent ensemble.

* * *

Coho, Sockeye, Keta... Le grand public associe surtout ces noms aux boîtes de saumon en conserve vendues dans les rayons des supermarchés. Mais de nos jours, tout comme leur cousin de l'Atlantique, les saumons du Pacifique sont en difficulté, leurs effectifs s'amenuisent inexorablement. On pointe du doigt la surpêche, bien sûr, mais aussi les changements climatiques, deux causes probables qui ont de toute façon l'homme pour origine.

Le saumon Sockeye, par exemple, passe la majeure partie de sa vie dans l'océan. Lors des 10 ou 15 dernières années, on a observé de plus grandes quantités d'eau douce dans le détroit de Georgia, au large de Vancouver. Ces nouveaux apports d'eau douce seraient liés à la fonte des glaciers, un effet du réchauffement climatique. Si bien que rencontrant plus d'eau douce dans sa migration marine, le saumon effectuerait plus tôt sa transition physiologique à l'eau douce et remonterait donc le fleuve plus tôt. Trop tôt, compte tenu de son énergie, ce qui affecterait sa capacité reproductive. Cela reste une hypothèse à confirmer, mais les chercheurs se penchent sur la question et sont inquiets pour l'avenir de l'espèce, du moins dans le bassin du fleuve Fraser. Tout cela n'est pas sans conséquences, puisqu'on parle ici d'une industrie qui se chiffre en milliards de dollars par année...

L'intensité de l'effort de pêche a pour sa part un impact direct sur l'évolution du saumon, impact qu'on observe aussi sur d'autres espèces intensément pêchées, comme le thon et la morue. Dans la nature, les femelles les plus grosses produisent le plus d'œufs et la sélection naturelle favorise les plus grosses femelles, qui sont donc les plus productives. Mais sous un effort de pêche intensif, ce sont précisément les poissons les plus gros qui sont prélevés dans l'océan et dans les zones côtières, si bien que ceux qui se retrouvent à frayer dans les rivières en amont sont souvent petits et croissent moins vite que leurs collègues de grosse taille. Dans des conditions normales – naturelles –, la sélection naturelle les aurait éliminés, mais voilà qu'ils survivent et transmettent leurs gènes de «petite taille» parce que de gros animaux portant des chemises à carreaux les prennent dans leurs filets. Le phénomène se répétant à chaque génération, on se retrouve avec des populations de saumons dont la taille moyenne décroît. Ainsi, selon une étude de W.E. Ricket, la taille moyenne des saumons roses âgés de deux ans pêchés à Bella Coola, en Colombie-Britannique, a diminué de 30% entre 1951 et 1974, ce qui est énorme. Est-ce surtout parce que les gros poissons sont éliminés par la pêche en mer et n'atteignent pas les frayères? Bien que ce facteur joue certainement, la réponse est négative, car tous les saumons de l'étude avaient le même âge, celui du retour pour frayer. Dans ce cas, le déclin dans les tailles moyennes traduit donc la tendance évolutive vers des saumons à petite taille.

* * *

Le saumon nous aura aussi beaucoup appris sur ce que les chercheurs nomment l'évolution contemporaine ou l'évolution rapide. C'est-à-dire une évolution qui se déroule dans un temps très court au regard de l'échelle géologique, tellement court qu'on peut pratiquement l'observer «sous les yeux», en quelques dizaines ou centaines d'années. Nous parlons ici bien évidemment de l'évolution d'organismes complexes tels que des vertébrés et non de bactéries ou de virus, dont on sait qu'ils peuvent évoluer rapidement, étant capables de se reproduire en quelques minutes ou en quelques heures. De manière surprenante, des animaux qui mettent des années à se reproduire se révèlent capables d'évoluer en quelques dizaines ou centaines d'années. Pour les spécialistes, c'est une révélation majeure, que ni Darwin ni ses successeurs immédiats n'avaient envisagée. Et on note que c'est presque toujours sous l'influence de l'homme que ces animaux évoluent plus rapidement.

Nous venons d'évoquer l'évolution vers des poissons de petite taille à cause de la surpêche. Cette réalité, aujourd'hui communément admise par les chercheurs, n'a fait surface que lors des 50 dernières années. Mais plus récemment, on a fait d'autres découvertes.

Une des questions fondamentales de l'évolution est de savoir comment peuvent se former des sous-espèces ou des espèces. On connaît la réponse générale, donnée par Darwin: le plus souvent, une espèce donne naissance à une autre à partir de petites populations marginales qui deviennent isolées de la population-mère (les spécialistes parlent de spéciation allopatrique ou géographique). Mais dans la réalité, ce n'est pas simple, et il semble qu'on n'observe jamais directement de spéciation. Il y a tout un débat à ce sujet, que nous n'aborderons pas, nous contentant de souligner les découvertes des spécialistes du saumon.

En l'an 2000, des chercheurs ont mesuré la vitesse à laquelle une population fondatrice de saumons qui se retrouve dans deux écosystèmes différents peut donner deux populations qui ne se reproduisent plus ensemble (étape vers une spéciation éventuelle). Alors que tout le monde était convaincu que le processus devait prendre des siècles ou même des millénaires, Andrew Hendry – alors à l'Université de Washington, aujourd'hui chercheur à l'Université McGill – a découvert que cela pouvait prendre seulement 13 générations, soit à peine 60 ans.

Le contexte de son étude est le suivant : il a étudié des saumons qui avaient été introduits dans le lac Washington entre 1937 et 1945 et il a analysé les gènes de deux populations distinctes descendant du stock initial, l'une se reproduisant le long d'une plage du lac, l'autre dans un des tributaires du lac. Dans l'ADN, Hendrick et son équipe ont trouvé la preuve que les deux populations n'avaient plus aucun échange génétique malgré l'accessibilité des territoires à l'un et l'autre groupe. Même les saumons de rivière qui séjournaient à la plage avec les autres saumons ne se reproduisaient pas avec eux. Conclusion : les deux populations se comportaient vraiment comme deux espèces distinctes n'ayant rien à voir l'une avec l'autre. On observe donc un début de spéciation après seulement 13 générations !

Une autre étude, réalisée par des biologistes de l'Université de Colombie-Britannique et de celle de Windsor, a alimenté le débat sur l'évolution accélérée. Publiée en 2003, elle démontre un changement rapide de la taille des œufs de certaines populations de saumons. Là encore, il faut entrer dans les détails pour apprécier ce qui est neuf. D'abord, un rappel : une pratique courante en aménagement de la faune consiste à capturer les adultes qui viennent frayer et à provoquer la fécondation des œufs à l'intérieur d'installations protégées. Les juvéniles sont ensuite élevés en captivité, pour être relâchés en nature afin de supplémenter les populations sauvages en déclin. C'est là que cela se corse : les premiers mois de vie de ces saumons dans des conditions «confortables» favorisent des traits adaptés à la captivité, mais non adaptés à la vie en nature. Chez les saumons Chinook en particulier, la pression de sélection normale favorisant les gros œufs se relâche, puisque les jeunes sont bien alimentés à la naissance et survivent très bien. Les femelles se mettent alors à produire une majorité d'œufs de toute petite taille. L'évolution est alors «déviée» vers des œufs toujours plus petits, une situation dangereuse en nature où le rejeton doit avoir un minimum de réserves au début de sa vie. C'est ce que les chercheurs canadiens ont observé sur une période de moins de 15 ans.

* * *

Charles Darwin, qui croyait que l'évolution ne se déroulait que graduellement, sur des milliers d'années, serait probablement très surpris de ces résultats. On sait qu'il défendait beaucoup une théorie nommée gradualisme, comme quoi l'évolution se fait par la transformation très graduelle des espèces, mais jamais par des sauts soudains. «*Natura saltum non facit*», la nature ne fait pas de saut, écrivait-il, reprenant un dicton latin. Au cours des années 1970, on sait aussi que les Américains Niles Eldredge et Stephen J. Gould ont proposé une alternative, la théorie dite «des équilibres ponctués».

Cette théorie soutient que l'évolution se déroule selon une alternance de longues périodes d'équilibre d'une espèce avec son milieu et de changements brusques. La plupart du temps, toujours selon cette théorie, la vie reste tout simplement stable, ce sont des longues stases, comme le confirment d'ailleurs les fossiles. Puis, il y a une série de modifications importantes et très rapides. Alors que Darwin et les partisans de la théorie synthétique demandaient des millions d'années pour faire apparaître une nouvelle espèce, Eldredge et Gould affirment qu'il suffit de quelques milliers d'années. La théorie des équilibres ponctués est vite devenue populaire, parce qu'elle s'accorde mieux aux fossiles que le gradualisme, mais aussi parce qu'elle est plus conforme au processus de spéciation, tel que décrit par Darwin lui-même.

Selon ce dernier, l'émergence d'une espèce se fait à partir d'une petite population soumise à des conditions différentes du reste de son espèce. Cette petite population formerait rapidement une nouvelle espèce par accumulation de mutations génétiques et de changements morphologiques sur quelques millénaires. En raison de la faible taille de la population, on ne trouve pas nécessairement de fossiles des stades intermédiaires. Après un long débat, on peut dire que cette théorie est aujourd'hui généralement acceptée par les évolutionnistes. Sur le fond, elle ne remet d'ailleurs pas en cause le darwinisme, car elle ne concerne que le tempo de l'évolution.

Dans ce débat, on considère toujours l'évolution sur sa très longue durée, sans égards particuliers à l'arrivée toute récente de l'espèce humaine moderne. À ce niveau, l'homme n'est qu'une petite étincelle dans l'histoire de la vie. Mais tout de même, la rapidité de l'évolution des saumons sous la pression humaine est un phénomène que même les partisans de l'idée que «la nature agit par sauts» n'auraient pas imaginé. L'homme, accélérateur de l'évolution? Peut-être plus qu'on le pense, et avec des conséquences plus sérieuses.

11. La lutte obstinée de M. O'Connor

La ferme O'Connor n'est qu'à deux kilomètres de notre chalet dans les Cantons-de-l'Est, mais déjà c'est un autre univers. Située sur une butte en bordure de la forêt, elle débouche vers le sud sur un large vallon bien défriché, alignant de beaux pâturages et quelques champs de maïs et de canola. Dans les trois autres directions, elle est entourée de champs bosselés, pleins de rochers, de trous d'eau et de bosquets d'arbres, parmi lesquels le troupeau de vaches des O'Connor semble trouver son compte.

À la fin de l'été, nous allons à la ferme pour acheter des légumes et des épis de maïs fraîchement cueillis. Tout est savoureux, pas cher, et le vieux M. O'Connor – je n'ai jamais su son prénom – aime bavarder. Il doit avoir plus de 70 ans, ses fils s'occupent de la ferme et il a tout son temps. Anglophone de troisième ou quatrième génération établie ici, il parle français avec un accent prononcé et mélange allégrement les deux langues, mais il se fait très bien comprendre. Tout en choisissant ses légumes et en les pesant sur une vieille balance rouillée dans son hangar, en vieux paysan qu'il est, il parle du temps qu'il a fait ces derniers jours et de celui qu'il va faire. Mais sa véritable passion, c'est de parler de sa terre. De la qualité du terroir et de son influence sur ses cultures.

Sur ce sujet, il est intarissable. «Ici, il y a de la roche en masse, aime-t-il dire, mais une fois que t'as tassé les roches, en dessous, il y a de la bonne terre, et il pleut ce qu'il faut. Sur la colline, t'as du bon grain et du fourrage pour les animaux.» Le maïs qu'il cultive, à part un champ pour sa consommation et la vente aux passants en saison, est en effet destiné à ses vaches. Il élève aussi des poules, des lapins et exploite quelques ruches à miel. La variété de maïs qu'il cultive, il le précise, «c'est de l'ordinaire, pas de cette *gimmick* moderne pleine de *GMO* qu'est juste un paquet de troubles pour la santé des hommes et des animaux». Rendu à ce point, M. O'Connor fronce ses épais sourcils. Il en veut à ses voisins plus bas dans la vallée qui cultivent depuis quelques années du maïs OGM – pour organisme génétiquement modifié, selon le sigle maintenant bien connu. Dans ce cas, ils cultivent une variété incorporant un gène de la bactérie *Bacillus thurigiensis*, ou B.t. La situation est courante, puisque, selon une étude de l'Université Laval réalisée en 2003, près de 80% des producteurs québécois de maïs ont déjà semé cet OGM sur leurs terres. M. O'Connor fait donc partie de la minorité récalcitrante, que les auteurs de l'étude qualifient de «non-utilisateurs», les opposant aux «utilisateurs», qu'ils appellent aussi «avant-gardistes». Drôle d'objectivité scientifique, mais passons...

Dans ce maïs, le gène de la bactérie B.t commande la fabrication d'une protéine toxique pour les insectes. Dans ce cas, la bestiole visée est la pyrale du maïs, un ravageur très commun de cette plante cultivée. Active dans toutes les cellules de la plante, la toxine tue les larves qui s'y attaquent, quel que soit leur stade de développement. Le mode d'action est spectaculaire et vaut une parenthèse un peu technique: la toxine tue les larves en perforant leur tube digestif immédiatement après l'ingestion; les larves explosent littéralement sous le choc de cette bombe intérieure, l'estomac perforé de mille trous. La beauté de la chose est que, selon les promoteurs, la toxine B.t est inoffensive chez l'homme parce que l'acidité de notre conduit digestif la détruit (ce qui est attesté par une bonne vingtaine d'études, doit-on reconnaître).

Avec le maïs B.t, en théorie, les agriculteurs n'ont plus à répandre d'insecticides, ce qui signifie, toujours en théorie, une baisse des coûts et de la pollution, jointe à la possibilité d'augmenter les rendements. Ce maïs OGM est approuvé par les autorités et commercialisé depuis 1996 au Canada. Alors, pourquoi M. O'Connor en veut-il à ses voisins? C'est qu'il a sa vision à lui, disons une vision plus large de la question: «Quand t'es fermier, faut que tu penses aux choses à long terme, aux hommes, aux bêtes et aux plantes, parce que tout est lié. C'est simple!» Les champs de ses voisins entourant complètement les siens, il craint déjà que ses cultures soient arrosées par les herbicides qu'ils répandent. Mais il a surtout les OGM dans sa ligne de mire.

«Au printemps, le pollen de leur maïs GMO est transporté sur toutes les plantes de ma ferme, dit-il. Et qu'est-ce que vous pensez que mes vaches et mes lapins broutent, qu'est-ce que mes abeilles butinent? Elles ingèrent plein de pollen B.t, c'est toxique pour elles, et c'est toxique pour nous... Non seulement cela n'augmente pas les rendements et ne diminue pas les besoins d'herbicides et d'insecticides, mais c'est un poison pour la santé. On a déjà prouvé que ça rendait les abeilles malades, et moi je le vois bien avec mes ruches. Mais ça empoisonne aussi les oiseaux, les souris et tous les animaux de la ferme, je vous le dis! Un jour, les chercheurs vont s'apercevoir que les résidus de B.t dans la nourriture, ça fait mourir les bonnes bactéries de l'estomac des humains aussi, et ça leur donne des maladies qu'on ne peut pas guérir!»

Lancé sur son thème favori – les bons aliments qui entretiennent la santé, les mauvais qui rendent malades –, M. O'Connor y va fort et peut faire des liens qui ne correspondent pas nécessairement au consensus scientifique du moment, mais son discours est cohérent. Lorsqu'il parle de ses abeilles «affaiblies depuis trois ans, à cause du pollen B.t qui vole alentour», il témoigne à sa manière d'une réalité connue des scientifiques depuis peu. En laboratoire, on a démontré que les abeilles exposées au B.t affichaient un taux de mortalité plus élevé que les abeilles non exposées; des études sur le terrain sont en cours pour vérifier ce résultat.

Les observations de M. O'Connor sur les oiseaux sont précises. «Vous savez ce qui se passe avec les hirondelles et les mésanges? – dit-il en retrouvant tout à coup sa maîtrise de la langue française. Eh bien, elles ne viennent plus dans les champs aux mêmes dates, elles ne mangent plus les insectes nuisibles comme par le passé!» Sa critique sonne aussi très juste lorsqu'il parle des papillons qu'il appelle monarches, en déformant le mot anglais *Monarch*. «*You know, those butterflies...,* eh bien leurs *caterpillars* mangent ce pollen B.t envolé sur les feuilles des *milkweeds* et puis ils meurent, c'est fini, plus de papillons.»

Là-dessus, les affirmations de M. O'Connor sont appuyées par des recherches et je le soupçonne d'ailleurs de le savoir pertinemment, même s'il prétend ne pas lire de revues agricoles spécialisées. Le chercheur John Losey, de l'Université Cornell, a en effet montré en 1999 que la moitié des larves de papillons monarques nourries de feuilles d'asclépiade (le nom français pour *milkweed*) partant du pollen de maïs B.t mourraient en laboratoire. Ce résultat, publié dans la revue *Nature*, avait fait grand bruit et l'industrie des biotechnologies l'avait aussitôt contesté. Impossible, avait-elle avancé, parce que le pollen n'est pas relâché à la période critique de croissance des larves et qu'il ne voyage pas sur plus de deux mètres en moyenne; et puis, ajoutaient les défenseurs de l'industrie, il n'y a même pas d'asclépiades dans les champs de maïs.

Mais l'année suivante, une écologiste de l'Université du Minnesota, Karen Obenhauser, avait montré que tout cela était faux. Non seulement le pollen de maïs est-il relâché pendant la période de croissance des larves de monarques, mais les asclépiades poussent bel et bien dans les champs de maïs. Qui plus est, les monarques femelles préfèrent pondre sur les feuilles d'asclépiade qui sont dans les champs de maïs, plutôt que sur celles qui poussent à l'extérieur de ces champs.

* * *

Un mot attire la colère de M. O'Connor encore plus sûrement que celui d'OGM, c'est celui de *Roundup.* C'est le nom d'un herbicide commercialisé par la multinationale Monsanto depuis 1973. Très vendu en Amérique du Nord, il est appliqué sur des millions d'hectares de cultures, notamment sur le maïs et le soja. Son nom générique est le glyphosate; il existe sous plusieurs marques commerciales. Contrairement à beaucoup d'insecticides, il utilise un mécanisme qui évite le système nerveux et attaque une voie métabolique qu'on ne trouve pas chez les animaux. En conséquence, il est beaucoup moins toxique pour les animaux. Et comme il se dégrade plus rapidement dans l'environnement que les herbicides classiques, le glyphosate est vite devenu l'instrument favori de lutte aux mauvaises herbes pour les fermiers, les horticulteurs, les jardiniers et les spécialistes de l'entretien des routes et des voies ferrées.

Comme tous les agriculteurs, M. O'Connor déteste les mauvaises herbes. S'il manifeste une certaine tolérance envers les insectes, il ne l'étend pas aux *weeds*, qu'il qualifie de *bastard weeds*, ce qui est assez exact dans la mesure où certaines de ces plantes sauvages ont une forte capacité d'hybridation. Mais, bien entendu, c'est l'énergie dépensée à lutter contre ces bâtards au sens premier qui entretient sa hargne. Lorsqu'on lui fait remarquer qu'il n'a pas le choix, qu'il doit lutter contre ces envahisseurs de ses cultures, il grogne un peu plus et parle de la préparation des sols. «Les gens ne savent plus retourner la terre en profondeur avant de semer, dit-il. Moi, je vais très creux avec ma charrue, des fois je repasse à certains endroits. Et quand j'ai semé, au début, je vais à pied, je sarcle, j'arrache les mauvaises herbes à la main. Les gens sont trop pressés, ils ne font plus cela comme il faut.»

Si on lui objecte alors qu'il travaille à l'ancienne, en prenant son temps, luxe qu'il peut se permettre car il a très peu de parcelles cultivées, il s'échauffe un peu et reprend son discours de base: «À quoi ça sert d'aller vite, si c'est pour se retrouver avec des cultures qui empoisonnent les animaux et les gens, alors que la terre s'appauvrit?» Mais tout de même, M. O'Connor, vous utilisez bien des herbicides et des insecticides comme vos voisins? «Des *weed killers*, oui, lorsque retourner la terre et sarcler ne suffit pas. Mais j'en mets peu et jamais le même produit sur la même parcelle deux années d'affilée, pour éviter que les mauvaises herbes deviennent résistantes. Et je fais des rotations. Mais des insecticides chimiques, je n'en utilise plus depuis des années. Je fabrique une *mixture* avec des produits naturels, que je mets seulement quand il y a une infestation. Mais je *check* tout en me promenant à pied, je détruis les nids des *bugs* dès qu'ils apparaissent, alors je n'ai pas de problèmes en général.»

Sur le mystérieux mélange naturel, pas de précisions – M. O'Connor ne va tout de même pas partager ses secrets avec un homme de la ville qu'il croise seulement lorsqu'il vient lui acheter ses légumes. Inutile d'insister, mais on comprend qu'il utilise des méthodes «bio», notamment la lutte intégrée, dans ce cas une combinaison d'épandage de contrôle manuel des populations d'insectes à l'éclosion. Est-il alors producteur biologique? Nouveau froncement de sourcils, haussement d'épaules et soupir. «Cela ne veut pas dire grand-chose par ici. Je n'ai pas l'accréditation bio pour mes céréales, je n'en veux pas et j'aime pas les *gimmicks* pour obtenir une étiquette bio, alors que la nature alentour continue d'encaisser les coups des mauvaises pratiques. Aucun élevage n'est isolé, aucun champ n'est une île... L'agriculture bio ne signifie rien dans le contexte des fermes d'aujourd'hui tant qu'on n'a pas des régions entières qui la pratiquent. Je leur ai dit ça, à la fédération, mais ils ne veulent rien entendre.»

Cette critique étant énoncée une bonne fois pour toutes, M. O'Connor tapote sa balance, ajoute une poignée de carottes dans mon sac de haricots verts, me salue gravement de la tête et retourne à ses affaires. Il n'est pas du genre à se livrer à une analyse plus approfondie, mais ses propos ont du sens, une fois débarrassés de sa querelle avec la «fédération», sur laquelle je ne peux et ne veux rien dire. De fait, la résistance croissante aux herbicides et aux insecticides est le problème principal des cultures céréalières, et le cauchemar quotidien des agriculteurs. Par ailleurs, il est vrai que l'expansion continuelle des cultures industrielles rend trompeuse la notion d'agriculture biologique. Et sa réussite forcément limitée – du moins pour le moment. Sur le plan écologique, la perspective de M. O'Connor est logique. Il faut une approche globale et une observation stricte des règles de bonne culture afin d'éviter la propagation des résistances. C'est dramatique, mais les fameuses règles de prudence – jamais le même pesticide deux fois de suite, alterner les mécanismes d'action toxicologique – sont actuellement mises en échec à cause de l'individualisme des agriculteurs.

* * *

Je ne connais pas la variété de maïs que cultive M. O'Connor, mais c'est assurément une des 262 variétés homologuées. Toutes ces variétés sont issues d'une plante nommée téosinte par les Mexicains de jadis. Il ne fait aucun doute, en effet, que le maïs moderne vient de cette plante sauvage qui existait dans le sud du Mexique il y a environ 11 000 ans. D'après les données archéologiques et paléontologiques, c'était une plante basse et touffue, portant des épis sur plusieurs branches, qui de ce fait ressemblait assez peu au maïs que nous connaissons, avec une seule tige. Les Mayas qui vivaient dans les hautes terres du sud du Mexique ont domestiqué cette plante sauvage, ce qui signifie qu'ils ont récolté ses graines, les ont plantées en terre et qu'ils ont entouré de soins les jeunes plants, jusqu'à la récolte.

Ayant répété l'expérience plusieurs années de suite, ils se sont sans doute aperçus que certains plants poussaient mieux que d'autres ou donnaient des épis plus gros ou plus savoureux; ils ont alors choisi – sélectionné – ces graines pour les replanter ou croiser les plants avec d'autres. Répété sur de nombreuses générations, ce processus de sélection artificielle, qui est

Le téosinte *Zea mexicana*, un des descendants sauvages du téosinte primitif, l'ancêtre du maïs.
Dessin de A.S.Hitchcock, in USDA -NRCS Plants Database, Misc. Publ. No. 200.Washington, DC. 1950.

celui des débuts de l'agriculture, a abouti à des variétés intéressantes du point de vue de l'alimentation, sur différents types de terrain, à différentes altitudes et latitudes.

Au Nouveau Monde, on a notamment domestiqué la tomate, la pomme de terre et le maïs, tandis que de l'Ancien Monde sortaient le blé, l'orge et le riz, par exemple.

Le même phénomène de sélection artificielle s'est produit pour les animaux domestiques et ceux que l'homme produisait pour ses besoins alimentaires, ainsi que pour les espèces pêchées et chassées. Ce faisant, une seule espèce, la nôtre, a modifié le jeu de la nature et créé des pressions sélectives considérables. Des espèces animales ont été complètement exterminées, comme le dodo, le moa et la tourte. Bien que nous ne semblions pas nous en rendre compte, notre espèce a créé des bouffées évolutives très rapides.

Nous continuons à le faire, en exterminant les dernières populations de certains mammifères ou en détruisant leur habitat, ou bien par des actions un peu moins visibles, comme le prélèvement systématique de grands géniteurs de certaines espèces. En 60 ans, la morue de Terre-Neuve, par exemple, a évolué vers une maturation à taille nettement plus petite, à la suite de la pêche massive des morues les plus grosses. Une évolution qui se déroule pratiquement sous nos yeux. Des phénomènes semblables ont eu lieu dans le monde végétal. La sélection des espèces à cultiver en champ ou en forêt, et la lutte systématique à d'autres espèces jugées indésirables ont bouleversé un monde qui n'était «naturel» qu'avant l'apparition de l'homme. Nous sommes l'espèce par excellence qui bouscule l'évolution.

Pour en revenir à l'agriculture, la capacité de manipuler directement les gènes en les insérant dans des plantes ou des animaux peut être vue comme n'étant qu'un stade de plus dans la sélection artificielle. C'est d'ailleurs la position des organismes régulateurs tels que la FDA aux États-Unis et l'Agence pour l'inspection des aliments au Canada. Pour eux, insérer un gène de croissance dans une plante ou un poisson revient à sélectionner ces organismes pour obtenir les mêmes caractéristiques, via les moyens habituels des sélectionneurs. Ils soutiennent donc qu'intrinsèquement, ce n'est pas plus dangereux, puisque c'est la même chose.

Cette position, faut-il le préciser, est vivement débattue, les groupes environnementalistes et certains gouvernements, européens notamment, s'y opposant. Au nom du principe de précaution, ils réclament une série de tests de sécurité avant d'autoriser la mise en marché des OGM, ainsi qu'une évaluation environnementale à long terme. Le débat est intense et revient à se demander si les OGM diffèrent vraiment des sélections artificielles de l'agriculture traditionnelle. En quoi la sélection opérée par les Mayas il y a quelques milliers d'années est-elle fondamentalement différente de l'insertion d'un gène de B.t dans le maïs du voisin de M. O'Connor?

* * *

Les défenseurs des OGM aiment répéter qu'ils ne font que produire un trait désirable dans une plante ou un animal, à la grandeur d'une population entière, par une insertion génétique ciblée et limitée. Ils soutiennent que c'est une méthode précise, rapide et efficace, comparé à ce que font les sélectionneurs ou la nature elle-même sur des centaines ou des millions d'années. Ces affirmations méritent d'être examinées du point de vue de l'évolution.

La rapidité n'est pas contestable : effectivement, l'insertion d'un gène de résistance à une maladie ou bien au froid ou à la sécheresse, par exemple, est une opération rapide, faite en laboratoire une bonne fois pour toutes, de manière contrôlée. La précision de la méthode, quant à elle, semble grande, toujours pour les mêmes raisons : elle est faite en laboratoire, avec des instruments pour isoler les gènes et les insérer dans des organismes dont on connaît le génome. Pourtant, dans la réalité, cette précision est sujette à caution pour plusieurs raisons. Assez souvent, les chercheurs ne savent pas insérer le gène très exactement à l'endroit visé, ils se contentent d'une approximation ; par ailleurs, la nature utilise souvent plusieurs gènes pour conférer un trait à un organisme, et ceux-ci ne sont pas mobilisés dans la procédure ; enfin, la nature soumet cette modification à de larges populations et sur de nombreuses populations, ce qui n'est pas le cas du *quick fix* en laboratoire.

L'évolution, quant à elle, trie à travers des milliers ou des millions d'essais et erreurs, elle sélectionne parmi de très nombreuses variantes possibles. Pour une mutation qui devient un succès, beaucoup, beaucoup ont échoué. Pour trouver la combinaison qui donnera à la plante une plus grande taille, un plus grand nombre de fruits, à l'animal une plus longue saison de reproduction, la sélection naturelle a trié parmi d'innombrables combinaisons génétiques. La gagnante est une parmi d'autres et son expression dans l'organisme est alors solidement établie, elle est stable et fonctionnelle. Passer du chandelier à multiples branches qu'était le pied du teosinte au plant de maïs à pied unique a probablement pris des milliers de générations de plantes : c'était certes de la sélection artificielle et non de la sélection naturelle, mais elle était lente et elle s'est faite à tâtons. Pour prendre un exemple qui ne touche que la sélection naturelle, tournons-nous par exemple vers les poissons. Il a fallu à la sélection naturelle des centaines de milliers d'essais, au bas mot, pour que le flétan produise une protéine de résistance au froid, qui s'est avérée être un facteur de survie dans certains environnements océaniques. Cela a impliqué des poissons isolés, des individus, leurs descendants, des populations entières, dans des environnements variés, sur des centaines et des centaines de générations.

Mais la sélection artificielle de la biotechnologie moderne – que je qualifierais d'ultrarapide, pour la distinguer de celle des sélectionneurs classiques – ne fait pas cela. Elle utilise un raccourci, elle ne prend pas le temps d'expérimenter sur de grandes populations, dans des conditions très variées. Ce faisant, elle ne voit pas venir les échecs, elle les ignore même dans sa stratégie. Comme en outre des sommes colossales sont investies par l'industrie, l'accent est mis sur la recherche des résultats positifs et sur un transfert rapide du laboratoire au champ. D'où cette tendance à se passer de longs tests en nature, qui est dangereuse car ils sont indispensables.

Dans cette démarche, les «retours de bâton» sont inévitables. En 1998, on s'est rendu compte que les plants de moutarde auxquels on avait greffé un gène de résistance aux herbicides étaient aussi capables d'effectuer la pollinisation d'autres plantes sauvages de la même famille, dont des «mauvaises herbes» – l'appellation étant relative au point de vue choisi. Pour l'industrie, le passage de gènes de résistance aux mauvaises herbes n'était évidemment pas une bonne nouvelle. Elle a d'abord nié le problème, puis l'a minimisé, pour se rendre finalement à l'évidence et faire marche arrière. En fait, les flux de gènes des plantes OGM vers les plantes sauvages constituent un des problèmes les plus inquiétants sur le plan écologique. Inquiétant, car on ne connaît pas les conséquences à long terme de ces gestes nouveaux. Des études récentes laissent penser que dans certains cas, on pourrait assister à des extinctions d'espèces de plantes sauvages et à des bouleversements d'écosystèmes entiers, dus à des envahissements catastrophiques de ces nouvelles espèces.

La réalité, c'est qu'on est en train d'expérimenter en grande nature sans possibilité d'arrêter la machine. Les cyniques diront qu'il n'y a pas grand-chose de neuf sous le soleil et que cet épisode possède un air de déjà-vu, mais ce n'est pas une consolation. En effet, 30 ou 40 ans plus tôt, l'industrie de la chimie, en introduisant les nouveaux pesticides, s'était aussi efforcée de minimiser, et même de nier, la possibilité de résistance croissante des insectes et des microbes aux pesticides chimiques. Or, on s'est retrouvé – on est actuellement – dans une crise environnementale majeure due à cette raison. Quand on parle de catastrophe annoncée!

Dans ses champs des Cantons-de-l'Est, M. O'Connor lutte contre ces organismes génétiquement modifiés qu'on lui présente comme étant la voie inéluctable du progrès, mais il n'a pas de réponse aux questions scientifiques sur l'impact à moyen ou à long terme. Sa compréhension de l'évolution et de l'interaction entre les espèces dans son environnement résonne pourtant comme étant, sur le fond, profondément juste. «Je ne suis pas contre les technologies modernes, dit-il, même si je ne comprends pas tout ce qu'elles font. Nous, les humains, c'est clair que nous utilisons depuis toujours des poisons pour contrôler le monde naturel afin de nous nourrir. Mais comment éviter d'empoisonner la terre en faisant cela? Il faut trouver des solutions. On ne peut pas continuer comme ça.»

12. Les avatars de l'ours blanc

Eddy trépigne d'impatience et trimballe ses 440 kilos en allers-retours nerveux sur les bords de son plan d'eau. Un casse-croûte s'en vient et il le sait. Derrière lui, un peu en retrait, se tient Tiguak, femelle de 240 kilos, aussi intéressée mais plus tranquille. Eddy et Tiguak sont deux vedettes de l'Aquarium du Québec, deux ours blancs bien portants qui se prêtent gentiment au jeu de la collation devant public. Tous les jours, la petite entraîneuse de 50 kilos, juchée sur une passerelle, fait faire à ses deux géants quelques pirouettes sous les yeux émerveillés des enfants. Se dresser sur deux pattes, surgir hors de l'eau, faire de gros bouillons dans l'eau: chaque petite prouesse mérite aux artistes un hareng, une pomme, une grosse laitue...

Des ours dans un aquarium? L'ours blanc est en effet considéré par certains biologistes comme un mammifère marin, même si cette classification ne fait pas l'unanimité. Il est vrai que dans l'Arctique, il n'est pas rare de croiser l'un de ces colosses en pleine mer, nageant tranquillement à des dizaines de kilomètres de la terre ferme. Cet ours peut nager plusieurs heures de suite pour se déplacer d'une plaque de glace à l'autre. Il plonge volontiers sous la glace et peut rester sous l'eau jusqu'à deux minutes. Son nom latin ne laisse d'ailleurs aucune ambiguïté en ce qui concerne son mode de vie: *Ursus maritimus*, l'ours de mer... En français, on préfère le terme ours blanc à ours polaire, car l'espèce ne vit pas aux deux pôles, seulement autour du pôle nord.

Dans la grande famille des ours, qui compte 8 espèces distinctes et plusieurs sous-espèces et variétés, l'ours blanc est le seul à porter la fourrure sans pigments, même si la coloration du pelage individuel peut varier du blanc pur au jaune. Mais il n'est pas albinos pour autant: sa truffe, le dessous de ses pattes, ses yeux sont normalement colorés par la mélanine, pigment naturel responsable des couleurs foncées chez tous les animaux. L'ours blanc n'en fabrique tout simplement pas dans ses poils, ceux-ci sont incolores comme les cheveux d'un humain lorsqu'il vieillit (vus de près, les poils d'ours blanc ont en effet la transparence d'une fine fibre optique. Cette blanche toison est une adaptation on ne peut plus efficace à l'habitat tout couvert de neige de l'ours blanc).

Il semblerait pourtant que l'un et l'autre, le brun – *Ursus arctos* – et le blanc – *Ursus maritimus* –, soient très fortement apparentés. Les gardiens de zoo avaient déjà remarqué au milieu du 20e siècle que les deux espèces pouvaient s'accoupler et produire des petits parfaitement viables et tout à fait fertiles. Classiquement, cette situation signifie qu'on aurait encore affaire à une seule et même espèce ou du moins à deux espèces en train de se séparer. C'est la fameuse barrière des espèces que connaissent bien les biologistes et qui permet de tracer la frontière entre espèces très proches. Entre l'ours blanc et le brun, la barrière n'est donc peut-être pas encore fermée. Mais ce n'est pas parce que leurs descendants sont féconds que les deux espèces s'accouplent effectivement dans la nature. La barrière peut être d'un autre ordre, par exemple des périodes de reproduction différentes ou des comportements incompatibles…

* * *

Pour en avoir le cœur net, Björn Kurtén (1924-1988), un paléontologue finlandais, a consacré une partie de sa carrière à étudier les ursidés, la famille des ours. En comparant les fossiles de différentes espèces éteintes aux ossements des ours actuels, il a tenté d'établir leurs liens de parenté et leur ascendance. Peut-être prédestiné à ce genre de travail – son prénom signifie ours dans la langue suédoise –, il a réussi, avant l'avènement des techniques modernes de génétique, à dresser un portrait sommaire mais assez juste de l'évolution des ours.

Kurtén a vécu et travaillé au moment où la théorie de l'évolution de Darwin a été revue et augmentée en «Nouvelle synthèse», la théorie sur laquelle s'appuient aujourd'hui tous les biologistes. Dans cette grande entreprise de consolidation des savoirs, il est, avec le paléontologue américain George Gaylord Simpson, à l'origine du rapprochement de la paléontologie des vertébrés et de la théorie de l'évolution. Mais ses concitoyens finlandais l'ont surtout connu pour la qualité de ses livres de vulgarisation scientifique, de même que son œuvre romanesque de *paléofiction* – le terme est de lui – inspirée de ses travaux. Avec un souci de rigueur scientifique constant, ses histoires mettaient en scène des Cro-Magnon cohabitant avec des Néandertaliens, à une époque où les datations n'avaient pas encore prouvé qu'ils s'étaient connus.

Ses travaux sur les ours l'ont mené à deux conclusions. D'abord, que l'espèce *Ursus maritimus*, l'ours blanc, était apparue très récemment, il y a moins de 100 000 ans, au cours d'une époque appelée Pléistocène supérieur. Les premiers membres du genre *Ursus* semblent avoir émergé au milieu du Pliocène, soit il y a 1 ou 2 millions d'années. Caractérisés par une alternance de périodes glaciaires et de moments plus chauds, le Pliocène et le Pléistocène qui a suivi ont ainsi été le théâtre d'une radiation adaptative rapide des ours sur la planète.

Son autre découverte fut celle de la proche parenté des ours bruns et des ours blancs. À son époque, on s'intéressait beaucoup à l'ours des cavernes, une espèce disparue. Celui-ci avait des dimensions approchant celles de l'actuel ours blanc, ce qui le plaçait au rang d'ancêtre potentiel de l'espèce. Kurtén prouva, fossiles à l'appui, qu'il s'agissait de deux animaux complètement distincts. Alors que le crâne de l'ours des cavernes était court, avec un front relativement haut, celui de l'ours blanc est plutôt allongé avec un front fuyant. La dentition du premier semble pointer vers une alimentation herbivore, alors que celle du second est davantage carnivore.

Quelque 40 années après les recherches de Kurtén, la génétique moderne a tenté le coup à son tour. Des échantillons d'ADN provenant de plusieurs espèces ont été comparés par différentes équipes au cours des années 1990 et 2000 pour voir leur proximité génétique. Les arbres phylogénétiques (voir chapitre 2) ainsi obtenus ont certains points en commun. Première constatation, le Finlandais avait vu juste : les ours blancs semblent bel et bien descendre des ours bruns. À nouveau, les données paléontologiques concordent avec celles de la génétique.

* * *

Si les ours blancs descendent des ours bruns, y a-t-il moyen de savoir de quelle population précise il s'agit? Des ours bruns, il y en a presque tout le tour de l'hémisphère Nord, et des ours blancs, il y en a tout autour de l'Arctique. Alors où et quand les premiers ours blancs sont-ils apparus? Une étude génétique publiée en 1996 par Sandra Talbot et Gerald Fields, tous deux chercheurs à l'Institut de biologie de l'Arctique de l'Université de Fairbanks en Alaska, propose une réponse pour le moins intrigante.

Au sud-ouest de l'Alaska se trouvent trois îles: Admiralty, Baranof et Chichagof, ou ABC pour les habitués. Les ours bruns qui vivent sur ces îles, bien qu'ils soient relativement isolés des populations du continent, ressemblent à tous les autres grizzlys d'Alaska. Mais une fois séquencé, l'ADN des ours des îles ABC s'est avéré unique lorsque comparé à celui des ours bruns de partout ailleurs sur la planète: il est très semblable à celui de l'ours blanc. En fait, ces ours sont plus près des ours blancs que de tout autre ours brun. Mais comment des ours bruns vivant à 1 500 km du plus proche ours blanc peuvent-ils lui être apparentés? Les chercheurs ont proposé deux scénarios pour expliquer cette situation.

Scénario 1: Une variété côtière d'ours brun aurait vécu dans le nord-est de la Sibérie et aurait migré en Alaska il y a 40 000 ans. Elle aurait alors donné naissance à l'ours blanc, puis se serait éteinte partout sauf aux îles ABC qui lui auraient servi de refuge durant la dernière période glaciaire. À la fin de cette période glaciaire, il y a quelque 10 000 ans, une fois le continent libéré des glaces, les ours bruns venus du sud auraient re-colonisé l'Alaska, mais aucun n'aurait traversé sur les îles pour mélanger ses gènes avec les insulaires. Il s'agirait donc d'une population relique, un reste de ce passé d'il y a 40 000 ans. Ainsi, tous les ours blancs seraient les plus proches apparentés de cette petite population de bruns.

Scénario 2: Comme ce sont des gènes mitochondriaux (les mitochondries étant de petites unités présentes dans la cellule, qui ont leur propre ADN, distinct de celui du noyau) qui ont été étudiés, et que ceux-ci ne se transmettent que de la mère à ses petits, il se peut qu'une femelle blanche se soit accouplée une fois avec un mâle brun de l'île. En mettant ses petits au monde, elle aurait alors injecté ses mitochondries d'ours blanc dans la population des îles. Seule une nouvelle étude, sur l'ADN du noyau celle-là, permettra de trancher cette question. De manière étonnante, elle ne semble pas, à ce jour, avoir été entreprise.

* * *

Quelles que soient les origines précises de l'ours blanc, on ne peut qu'admirer à quel point l'animal est adapté à son milieu. C'est le seigneur de la banquise!

Blanc comme neige pour le camouflage, son poil est aussi un isolant ultra performant, au point que l'animal suffoque dès que le thermomètre dépasse 10 degrés Celsius. Pour ne pas souffrir d'hypothermie sous l'eau et pour pouvoir résister à des vents glaciaux qui peuvent atteindre jusqu'à −70 degrés Celsius, l'ours blanc compte sur ce pelage très isolant mais aussi, en dessous, sur une très épaisse couche de gras corporel. Comme tous les ours, il fait d'ailleurs des réserves de gras saisonnières, à la fin de l'automne et à la fin du printemps. Par contre, il reste actif en toute saison; seules les femelles gravides se réfugient dans une tanière en novembre, dont elles ne sortent pas avant d'avoir mis bas, subsistant sur leurs réserves et abaissant leur température corporelle.

Ses pattes, aux extrémités rondes et très larges, sont de véritables pagaies qui lui permettent de nager plusieurs heures. Pour courir sur la glace, il dispose d'un autre atout: la plante de ses pieds est couverte de petites bosses souples qui agissent comme des ventouses et l'empêchent de glisser sur la glace.

Malgré sa masse imposante et son allure nonchalante, ce plantigrade est d'ailleurs capable de pointes de vitesse impressionnantes: il peut courir à 40 km/h sur quelques centaines de mètres. Il semble d'ailleurs que la vitesse d'un prédateur qui ne craint rien est un souci constant pour les humains qui croisent son chemin. Les Inuits en parlent volontiers dans leurs récits de chasse, Nanuk – le surnom qu'ils lui donnent – étant l'animal qu'ils craignent et respectent le plus. Les rares non-autochtones qui s'aventurent sur la banquise sont aussi avertis de ce danger. Un chercheur m'expliquait récemment que la situation que les guides inuits, engagés pour protéger les missions scientifiques sur la banquise, craignent le plus est celle d'un ours blanc affamé, sortant du brouillard à pleine vitesse, attiré par l'odeur d'un autre mammifère. Aussi ces guides sont-ils armés et se tiennent-ils toujours prêts à tirer. Dès qu'un ours est repéré dans les parages et semble s'approcher, ils n'hésitent pas à tirer pour lui faire peur. «Ce n'est pas toujours efficace, ajoutait le chercheur. Parfois, il faut renoncer à prendre une mesure ou un échantillon et décamper.»

Au menu de l'ours blanc, les phoques sont le plat principal. Ce carnivore opportuniste se nourrit aussi de morses, de poissons et de carcasses de baleines échouées, mais les phoques forment l'essentiel de son alimentation. Il les localise par son odorat développé et son excellente vue; très souvent, il les traque près d'un trou de respiration dans la glace, attendant patiemment qu'un phoque se présente (mais non, contrairement à la légende, on n'a jamais vu un ours blanc se couvrir le museau avec une patte quand il est à l'affût).

* * *

Toutefois, on se demande bien pour combien de temps encore cet équilibre entre le prédateur et sa proie principale peut durer, car contrairement à Eddy et Tiguak qui mangent sans problème à leur faim, les grands blancs de la banquise crient famine. Ce n'est pas qu'il n'y ait plus de phoques, au contraire. Le problème, c'est qu'ils n'arrivent plus à les attraper. Les phoques vivant essentiellement dans l'eau, les ours dépendent de la banquise flottante qu'ils utilisent comme plate-forme de chasse. Cette banquise n'est pas constante, elle fond en partie durant l'été et se reforme en hiver. L'été est donc une saison critique pour eux puisque la chasse en mer devient plus difficile.

Or, tout au Nord, au cours des 50 dernières années, la température moyenne a monté de 3 à 4 degrés Celsius et l'augmentation s'accentue encore. Depuis trente ans en Arctique, c'est un million de kilomètres carrés de banquise estivale qui a disparu, soit près de deux fois la superficie de la France (d'accord... cela ne fait qu'un dixième de celle du Canada, mais tout de même, c'est beaucoup). Ici, le problème est global et planétaire, mais il s'agit d'une conséquence régionale. Nos comportements de consommateurs énergivores au sud sont responsables d'un sérieux réchauffement climatique qui a des conséquences majeures sur des écosystèmes très éloignés de nous.

D'ici l'an 2100, le Consortium Ouranos prévoit que les températures grimperont, en moyenne et dans un scénario de réchauffement moyen, de 4 à 5 degrés en hiver, et de 2 à 3 degrés dans le Nord du Québec[22]. Les prévisions du gouvernement fédéral en ce qui concerne la banquise sont dramatiques. Au mieux, la banquise d'été rétrécira de 50%, au pire, elle disparaîtra complètement. Depuis les années 1980, la glace fond d'ailleurs trois semaines plus tôt qu'auparavant dans la région de Churchill, dans la baie d'Hudson, au nord du Manitoba. La Baie d'Hudson est une région assez méridionale pour les ours blancs, mais elle abrite une population de près de 4500 individus. Or, à la fin du printemps, la fonte des glaces due au réchauffement force ces ours «du sud» à interrompre la chasse au phoque alors qu'ils n'ont pas encore constitué des réserves de graisse suffisantes. Inversement, sur les bords de la baie d'Hudson, en octobre, les ours doivent attendre plus longtemps la formation des glaces, alors qu'ils sont affaiblis par leur régime d'été (des poissons, des algues, des baies sauvages, des œufs d'oiseaux, des carcasses de caribous) et qu'ils doivent impérativement retourner chasser le phoque plus au nord.

Les conséquences sont déjà bien visibles, faisant de l'ours blanc un symbole-martyr de la lutte aux changements climatiques. Dans la région de Churchill sont organisés des safaris à l'ours, à bord de hauts véhicules roulant sur la toundra glacée. Les touristes peuvent certes les voir et les photographier, mais la réalité est un peu triste. S'ils sont là, c'est qu'ils sont affamés. Ces animaux sont dénaturés, ils rôdent à la périphérie de la ville de Churchill pour fréquenter les dépotoirs. Mais ils sont en moins bonne santé et se reproduisent moins. Les biologistes ont en effet confirmé une diminution du poids moyen des individus des zones les plus au sud.

Leur comportement aussi se modifie, comme le montrent deux études inquiétantes publiées au printemps 2006. La première, produite par des chercheurs de l'Alaska, fait mention de mortalités d'ours blancs

---

22. Chiffres tirés de: Ouranos, *S'adapter aux changements climatiques*, 2004, chap. 1, p. 9.

par noyade, à la suite de séances de nage trop prolongées dans la mer de Beaufort, sur la côte nord de l'Alaska. À la recherche de la banquise qui disparaît trop tôt au printemps et qui revient trop tard, des individus affamés nagent pendant des jours et finissent par se noyer d'épuisement. Ce type d'événement n'avait jamais été observé avant 2004 et voilà que les observations s'accumulent. La deuxième étude, publiée conjointement par des chercheurs canadiens et américains, rapporte trois cas confirmés de prédation et de cannibalisme entre ours blancs en seulement trois mois d'observation, toujours dans le même secteur de l'Alaska. Les ours privés de nourriture commencent à manger leurs congénères. Du jamais vu en 34 ans d'études sur l'ours blanc.

La pollution industrielle importante dans leur nourriture n'améliore pas la situation. À la tête de la chaîne alimentaire, les ours accumulent graduellement dans leurs graisses les produits déversés dans les eaux comme les dérivés bi-phényliques (les BPC par exemple) ou les métaux lourds. Une intoxication qui conduit habituellement à la mort prématurée des animaux, sans compter les malformations fœtales de plus en plus fréquentes des nouveau-nés. À cause de tout cela, en mai 2006, l'Union mondiale pour la nature a ajouté l'ours blanc à la liste des espèces menacées d'extinction, la fameuse liste rouge. Les dernières estimations prévoient que leur nombre pourrait diminuer de plus de 30% d'ici 45 ans en raison du réchauffement climatique. Il y a même possibilité d'extinction complète des quelque 24 000 spécimens encore vivants – 15 000 au Canada – si la glace estivale disparaît complètement.

* * *

Dans l'habitat qui est le sien, l'ours blanc est prisonnier de son régime alimentaire hautement spécialisé. Parmi les ours, c'est un spécialiste. Sa niche écologique est très étroite, contrairement aux ours bruns et noirs, qui sont des généralistes. Bien qu'il soit carnivore et opportuniste comme les autres ours, il dépend essentiellement pour sa survie d'une proie, une seule, le phoque, et cela, depuis au moins 10 000 ans. Le drame de la diminution de la banquise côtière et du *pack* arctique prend donc pour cet animal une dimension très particulière. Au fur et à mesure que la banquise fond, saura-t-il s'adapter, suivre les phoques dans leurs migrations? Ou bien pourra-t-il changer son alimentation, survivre en consommant plus de poissons, par exemple? Dans l'Arctique, les options ne sont pas nombreuses. L'ours blanc devra aussi faire face aux déversements de pétrole qui épargnent de moins en moins son habitat et il devra continuer à affronter les résidus organochlorés qui s'accumulent dans sa graisse et ses organes.

Son futur n'est pas rose, c'est le moins qu'on puisse dire, même si la science, qui est capable de prédire une diminution de la moitié de la banquise d'été d'ici un siècle, ne peut prédire les conséquences sur cette espèce. D'un autre côté, il faut aussi considérer que la disparition possible de l'ours blanc ne serait pas non plus une catastrophe pour la planète, ni même pour l'écosystème arctique. On le sait par l'histoire de la vie, des millions d'espèces ont disparu, et parmi elles, nombreuses sont celles qui ont disparu lors de changements climatiques.

Mais il existe une différence importante, qui vaut d'être méditée. Cette fois, l'homme est responsable du réchauffement climatique observé. Ce sont ses actions, sa consommation d'énergie fossile et de ressources naturelles qui sont responsables du réchauffement qui cause la fonte de la banquise et met en péril cette espèce. Bien entendu, si on veut mettre des nuances, on objectera que le réchauffement climatique a aussi des causes naturelles, mais l'important est qu'on sait de source sûre que les activités humaines contribuent au réchauffement climatique.

Peut-on sauver les ours blancs? Rien n'est garanti, mais on peut essayer. L'Arctique est vaste et permet encore des actions spectaculaires de conservation. Déjà, l'interdiction de la chasse autre que traditionnelle, depuis 1973, est un pas dans la bonne direction. Il leur faudrait des réserves naturelles, où ils seraient intégralement protégés; celles-ci devraient forcément être très étendues. On a bien réussi à sauver les éléphants et les lions en Afrique australe; il semble raisonnable de tenter de faire la même chose avec les ours blancs, un animal dont la valeur touristique, patrimoniale et culturelle est très élevée. Le choix nous appartient, et contrairement aux messages pessimistes, dans ce cas il n'est pas trop tard. Mais si nous ne faisons rien, alors les seuls membres de cette espèce que nous pourrons admirer au prochain siècle, un peu avant ou un peu après, seront peut-être les descendants captifs de Eddy et Tiguak.

13. Le signe du huard

Près de trois ans se sont écoulés depuis que j'ai écrit les premières lignes de ce livre. Très peu de choses ont changé au pied du mont Éléphant. Ici, la vie continue, avec ses milliers d'interactions dans le sous-sol, dans les plantes et dans la petite communauté animale. Qu'est-ce que trois ans dans la vie d'un tel écosystème? Même pas la durée d'un éclair dans la nuit des temps. Si l'homme ne fait pas trop violence au milieu, la vie continue et c'est tout. Pour le bonheur de notre compréhension, deux clés suffisent pour en expliquer le fonctionnement. C'est la sélection naturelle – la petite idée géniale de Darwin – et ce qu'on peut nommer le «jeu des gènes» – ce faisceau d'idées nouvelles apportées par la génétique, l'embryologie et la biologie moléculaire la plus récente.

Coup de chance, notre coin de lac n'est pas trop menacé par le développement domiciliaire. Ce n'est pas par manque d'intérêt de la part d'éventuels promoteurs ou d'acheteurs individuels, mais il n'y a presque plus de terres à vendre. Alentour, la plupart des boisés sont privés et la majorité des propriétaires ne veulent pas les vendre. Par ailleurs, les règlements municipaux interdisent tout nouveau développement sur les rives ou toute transformation radicale de celles-ci (l'association des propriétaires y veille: il est notamment interdit de couper les arbres). À la sortie du lac, le grand marais est protégé, il ne peut être asséché et ne sera jamais développé, du moins l'espérons-nous. C'est notre réservoir de vie naturelle, le refuge de nos oiseaux, de nos grenouilles, de nos rats musqués, de nos renards roux et de nos belles plantes. Il y a bien un projet de développement domiciliaire autour du lac voisin, qui n'est pas si loin puisqu'on entend la scie des bûcherons et la machinerie lourde de temps en temps, mais nous faisons comme si tout cela était loin, très loin. Bien entendu, c'est une illusion, l'intégrité de ce milieu naturel s'en va en morceaux, comme partout ailleurs. Mais au moins, nous résistons comme de vaillants Gaulois du temps d'Astérix et nous arriverons peut-être à garder des morceaux de forêt et de marais. Qui peut jurer que toute résistance est inutile?

* * *

Oscar l'écureuil est mort l'an dernier. Au printemps, nous ne l'avons pas revu. Sur son territoire, il y a quelques mois, un autre écureuil roux est apparu, plus petit, tout aussi affairé mais nettement moins bruyant. Ainsi va le remplacement des individus, soit par la mort soit par la compétition, dont Darwin nous a bien fait remarquer qu'elle était plus féroce entre membres d'une même espèce qu'entre les membres d'espèces différentes. Nous avons baptisé Oscar Bis notre nouveau pensionnaire.

Le lac est stable, les niveaux d'eau varient à peine de quelques centimètres chaque année, les mêmes poissons sont là, et la même loutre s'en donne à cœur joie en ravageant leurs populations. Elle est très discrète, mais l'hiver, nous repérons parfois ses traces sur la neige, bien que nous ne l'ayons jamais aperçue.

Le dernier automne a été marqué par des pluies et de grands vents de tempête, des vents d'une intensité exceptionnelle, qui ont laissé bien des arbres à terre. Nous avons aussi dû abattre un des grands pins, qui était mort. Il nous a donné une pleine cargaison de bois pour brûler dans la cheminée. Dans la cabane, les bûches fendues sont alignées sur deux mètres de haut, et cela sent merveilleusement le pin frais.

Finalement, ce morceau de forêt méridionale du Québec est bien à l'image de centaines d'écosystèmes. Il ne se passe rien pour quiconque cherche des révolutions, mais le vivant bouge continuellement. Darwin avait une belle façon d'exprimer cette continuité parcourue d'inventions constantes, lorsqu'il écrivait, dans le dernier paragraphe de *L'origine des espèces*:

> Il est intéressant de contempler un rivage luxuriant, tapissé de nombreuses plantes appartenant à de nombreuses espèces abritant des oiseaux qui chantent dans les buissons, des insectes variés qui voltigent çà et là, des vers qui rampent dans la terre humide, si l'on songe que ces formes si admirablement construites, si différemment conformées, et dépendantes

les unes des autres d'une manière si complexe, ont toutes été produites par des lois qui agissent autour de nous[23].

Darwin conclut d'ailleurs son *opus magna* quelques lignes plus loin par cette superbe phrase, souvent citée :

> Et tandis que notre planète, obéissant à la loi fixe de la gravitation, continue à tourner dans son orbite, une quantité infinie de belles et admirables formes, sorties d'un commencement si simple, n'ont pas cessé de se développer et se développent encore[24].

* * *

Loin de notre coin de lac, dans le vaste monde, la théorie de l'évolution continue à être contestée. Ce n'est pas un sujet qui attire beaucoup l'attention des médias, ni même des chercheurs. Pas de scandale, un débat qui a un air de déjà-vu, de temps en temps des escarmouches : telle institution scolaire qui décide d'enseigner le créationnisme en tant qu'alternative au néo-darwinisme, tel homme politique qui avoue ne pas croire à la théorie de l'évolution. Si le mouvement de contestation passe inaperçu, c'est en grande partie parce qu'il se déroule surtout dans la sphère privée. Ou alors, aux échelons les plus discrets de la place publique : dans les organismes scolaires et sociaux de base. Certains observateurs y voient la conséquence de la force grandissante d'une droite très conservatrice qui est au pouvoir, du moins en Amérique du Nord. Désormais majoritaire et écoutée des élus, la voix de ces citoyens-électeurs s'exprime de plus en plus à l'échelle locale.

Or, il faut se rappeler qu'en Amérique du Nord, les conseils d'éducation des États américains ou des provinces canadiennes détiennent tout pouvoir en matière de programmes d'enseignement, et que les commissions scolaires locales peuvent prendre des décisions qui, elles aussi, influencent l'enseignement. Si une de ces institutions décide de supprimer les idées de Darwin de ses programmes ou si des enseignants décident de ne pas les aborder en classe, le mal est fait, c'est un recul pour l'éducation à la science.

---

23. Charles Darwin, *L'origine des espèces*, p. 548.
24. *Ibid.*, p. 548.

Dans les faits, lors des six dernières années quatre États, l'Alabama, le Nouveau Mexique, le Nebraska et le Kansas ont supprimé la connaissance de la théorie de l'évolution des questions d'examen au secondaire; le Kansas est toutefois revenu sur sa décision en 2001. Plusieurs commissions scolaires, comme celle du comté de Dover en Pennsylvanie, ont introduit l'enseignement du créationnisme comme une «alternative» à la théorie de l'évolution. En outre, de nombreuses écoles privées, émanations d'Églises fondamentalistes, n'en font qu'à leur tête en dépit des programmes officiels. Au Québec, certaines de ces écoles, a-t-on appris à l'automne 2006, sont d'ailleurs carrément clandestines, n'étant pas officiellement déclarées auprès des autorités.

Dans ces écoles, on enseigne donc le créationnisme comme une vérité dans les petites classes et la théorie de l'évolution comme une alternative «hypothétique» dans les cours de science. Les enseignants engagés par les communautés religieuses adoptent spontanément cette attitude révisionniste; s'ils ne le font pas, les parents, fort influents dans ces écoles privées, font pression et exigent que l'enseignement reflète leurs valeurs. Ajoutons à ce portrait l'influence grandissante de sectes comme les Témoins de Jéhovah, et on se retrouve dans un énorme chaudron anti-darwinien en ébullition. Dommage que les médias en parlent peu, dommage que ce phénomène soit mal documenté et ne fasse pas l'objet d'enquêtes sérieuses, car on peut craindre que se prépare une génération ou une société entière qui se détourne de la science.

Je me rends bien compte que les impressions que je livre ici sont personnelles et que la question des menaces sur l'enseignement des sciences mériterait une analyse plus approfondie. Je me contente ici de dire mon inquiétude, à partir d'impressions ou d'anecdotes dont je perçois bien qu'elles ne constituent pas en soi une situation alarmante. J'aimerais d'ailleurs terminer ce «cri du cœur» sur deux faits vécus.

* * *

Il y a quatre ans, j'ai été invité à donner un exposé dans deux institutions pré-universitaires québécoises, un Cégep et un collège privé. Les étudiants y ont donc entre 18 et 21 ans pour la plupart.

Le sujet de mon exposé étant le génome humain, j'ai voulu tester leurs connaissances en leur posant quelques questions, dont la suivante : «Selon vous, l'homme a-t-il le même code génétique que le chimpanzé ou bien son code génétique est-il différent?». Dans un cas, j'avais affaire à un groupe d'étudiants en sciences humaines, et dans l'autre, à un groupe d'étudiants en sciences. J'ai été frappé de constater que presque tous les étudiants du second groupe répondaient correctement, alors que seulement le tiers du premier groupe donnait la bonne réponse. Leurs cours de biologie du secondaire étaient-ils si loin, ou si mal assimilés?

Plus récemment, j'ai écrit dans *Québec Science* un article sur la découverte de la détermination du sexe chez l'ornithorynque. On sait que cet animal emblématique de la faune australienne est bien étrange. Une allure de grosse taupe, des pattes palmées, une queue de castor, un bec qui ressemble à celui du canard... et de surcroît, il pond des œufs! Cependant, il possède des glandes mammaires. C'est un des quatre monotrèmes, les seuls mammifères à pondre des œufs au lieu de donner naissance à des petits vivants.

À ma grande surprise, la publication de ce texte m'a plongé dans un mini-débat sur le créationnisme auquel je ne m'attendais pas. Un lecteur indigné me fit savoir que mon article ne l'impressionnait guère. «Une fois de plus, m'écrivit-il, les évolutionnistes sont incapables d'expliquer l'origine des ornithorynques, tout simplement parce que celle-ci ne cadre pas avec leur théorie.» Un autre lecteur me fit observer que l'ornithorynque possédait «20 caractéristiques physiologiques impossibles à expliquer chez un soi-disant mammifère» et constituait «le grain de sable qui fait s'effondrer la théorie de l'évolution.»

Un troisième m'envoya une lettre courtoise qui se terminait ainsi : «Malgré toutes ses prouesses, la biologie moderne ne peut expliquer la complexité du système sexuel des ornithorynques. J'ai bien hâte qu'une nouvelle synthèse émerge, réconciliant les connaissances de la science avec la révélation de la Création du monde.»

Je signalais à mes deux premiers interlocuteurs quelques références d'articles scientifiques répondant à leurs arguments, tout en doutant fort qu'ils puissent les ébranler dans leurs convictions. On a en effet trouvé des fossiles d'ancêtres de l'ornithorynque datant du mésozoïque. Sur cette base, on s'explique bien qu'il n'existe que sur le continent australien, et on l'a classé dans un groupe d'animaux apparus très tôt dans l'histoire des mammifères, qui aurait divergé des autres mammifères ainsi que des marsupiaux il y a environ 210 millions d'années. Quant aux «incongruités» physiologiques de l'animal, elles s'effacent dès qu'on y regarde de plus près et qu'on compare à un large éventail d'animaux.

Au troisième interlocuteur, je répondis qu'en tout respect pour son opinion, je ne pensais pas que la science et la foi pouvaient dialoguer sur ce point, car elles se situaient sur deux plans différents. Si un croyant accepte que les espèces apparaissent et évoluent par sélection naturelle, fort bien, le dialogue peut avoir lieu (c'est d'ailleurs la position de nombreux chercheurs qui sont aussi croyants). Mais si cette personne affirme que Dieu, et non un processus naturel, a créé les espèces et en dispose à son gré, alors le dialogue n'existe pas. Les deux positions sont antinomiques. Ou bien les espèces se succèdent les unes aux autres, disparaissent ou émergent à partir d'autres espèces dans un environnement changeant et non contrôlable. Ou bien elles apparaissent par magie, sous la main d'un créateur qui serait tout de même assez capricieux, ne serait-ce que dans sa manière de créer des millions de formes différentes pour ensuite les éliminer, là aussi par millions.

En définitive, si la théorie moderne de l'évolution n'explique pas tout, si le vivant reste plein de mystères, du moins la science a-t-elle construit patiemment le dossier le plus convaincant, une théorie solide qui peut être mise à l'épreuve et vérifiée. Et qui a été vérifiée. De ce point de vue, le modeste ornithorynque n'est pas incompréhensible et ne constitue pas une faille fatale dans la théorie avancée par Darwin. Il est bizarre, oui, mais nullement incompréhensible.

* * *

Nous sommes à la fin du mois d'avril. Le lac dégèle lentement, le terrain autour du chalet est trempé et boueux, l'eau ruisselle de partout. Dans la forêt, des plaques de neige s'accrochent, mais elles ont des airs miteux de banquise en déroute et ne résisteront plus longtemps. Tout comme la couche de glace sur le lac, qui a commencé à «caler au fond», comme on dit par ici. Par morceaux, par à-coups, fondant le jour sur les bords, regelant un peu la nuit. Alentour, les routes ont retrouvé leur goudron et les chemins de terre sont libres de neige. Un autre signe du printemps est le retour des odeurs : aujourd'hui, cela sent surtout la terre humide, mais les premières pousses vertes sont visibles. Les premières plantes sont en train de se former, leurs formes et leurs odeurs vont nous revenir.

Après une bonne tempête de neige à la mi-avril – il faut s'y attendre dans ce pays –, le temps est doux. Depuis plusieurs jours, le thermomètre indique résolument des températures au-dessus du zéro. Temps d'une émergence pour les plantes, les animaux et les humains au pied du mont Éléphant. Allongés sur les planches de bois à même le ponton, avec tout de même de bons parkas sur le dos et un coussin sous la tête, nous profitions des rayons du soleil de fin d'après-midi. Nous nous sentons comme des plantes tournées vers cette source de lumière et de chaleur, nous aspirons nous aussi à faire de la photosynthèse. Comme cette chaleur solaire nous a manqué ! Nous la retrouvons avec cette fébrilité qui n'existe selon moi que dans les pays nordiques (j'en ai parlé un jour à des Finlandais ; ils se décrivaient comme étant aussi fous de soleil que les Québécois lors de ces premiers jours de printemps).

Et nous écoutons le silence de la forêt. Ce n'est pas un silence total, c'est plutôt comme une série de bruits de vents, avec un bruissement d'eau venant de la berge en train de dégeler sur notre droite. Plus haut, une brise agite la tête des pins et des cèdres ; c'est un souffle long et doux, pas comme celui de l'hiver. Je me souviens d'être sorti certains matins d'hiver après une chute de neige. Il n'y avait alors que le froid, l'odeur du froid et les pas qui crissent dans la neige fraîche. Ce qui frappait alors, c'était le vent fort soufflant dans la cime des pins et des cèdres, et les immenses troncs droits et effilés dressés vers le ciel. Je pensais alors à la solitude de ces grands arbres, à leur force tranquille dans les grands froids ; il me semblait que les regarder me donnait une transfusion de courage. Ces géants vivaient alors au grand ralenti, mais ils étaient là, imperturbables. Je les retrouve aujourd'hui, agités par cette petite brise, déjà pleins de nouvelle vie, la sève circulant dans leurs troncs et leurs branches.

Tout au sommet, les aiguilles poussent déjà, les cônes vont sortir, d'abord minuscules puis visibles et éclatants.

Un des signes qui ne trompe pas est le retour d'Oscar Bis à des horaires plus assidus. Cet hiver, il n'a jamais cessé de sortir de son nid, mais souvent pour très peu de temps, au zénith du soleil lorsqu'il ne faisait pas trop froid, petite boule de poils courant vite sur la neige. Ces jours-ci, il sort plus souvent, il se met en arrêt sur certaines branches et pousse à nouveau ses cris prolongés «tchirr-t-t-t...». Chaque jour, il reste actif plus longtemps.

* * *

Tout à coup, dans le paysage de ciel au-dessus de nous, un appel venant du secteur du mont Éléphant. Cela ressemble à une sorte d'aboiement sec. Le temps de tourner la tête et nous repérons une nuée de points noirs en mouvement dans le ciel. Un groupe d'oies sauvages ou bernaches du Canada s'approche. Comme chaque année, elles remontent vers le nord. Leurs cris bi-syllabiques sont maintenant bien distincts *a-honk, a-honk*. Peut-être s'arrêteront-elles dans un marais alentour un ou deux jours, le temps de se nourrir et de reprendre des forces. Mais peut-être se contenteront-elles de nous survoler, jusqu'au prochain grand point de rassemblement, vers Sorel sur les bords du fleuve Saint-Laurent ou plus loin au cap Tourmente près de Québec.

Les voilà, un gros escadron déployé en un superbe V dans le ciel, leurs cris résonnant comme une symphonie familière et réconfortante. Peu de gens ont salué avec autant d'éloquence le retour des oies que l'écologiste américain Aldo Leopold, dans *A Sand County Almanac*:

> Elles volent bas au-dessus des marais et des prairies, saluant toutes les mares et trous d'eau. Finalement, après un passage pro-forma au-dessus de notre marécage, elles inclinent l'aile et glissent silencieusement vers la pièce d'eau, leurs trains d'atterrissage noirs contrastant avec leurs croupions blancs au-dessus de la colline. Touchant l'eau dans de grandes éclaboussures, nos invités émettent un coup de klaxon qui arrache aux herbes hautes leurs dernières velléités hivernales. Nos oies sauvages sont de retour[25]!

---

25. Aldo Léopold, *A Sand County Almanac with Essays on Conservation from Round River*, p. 20.

Il faut savoir admirer les oies sauvages et saluer leur retour comme étant le signe le plus sûr d'une force persistante dans la nature. Une force à la fois inaltérable et toujours changeante au fil des générations et du temps profond.

Mais tandis que je salue cette parcelle de l'immense diversité du vivant, je pense tout à coup à *nos* huards. Reviendront-ils cette année? En cette fin d'avril, il est trop tôt pour le dire. Mais je me plais à anticiper ce retour du huard et de son magnifique chant plaintif. Et puis, trois semaines plus tard, j'ai la réponse à ma question.

* * *

Un soir, venant du lac voisin, un appel puissant se fait entendre. Le cri immanquable du huard à collier, *Gavia immer*. Puis l'appel reprend, de nombreuses fois: trois longues notes plaintives. Peut-être les premiers appels d'un mâle de retour sur son territoire? Ils sont souvent fidèles à leur territoire, ces grands oiseaux aquatiques, et j'aime penser que c'est celui de l'an dernier qui nous est revenu. Je me berce peut-être d'illusions, mais tout de même, j'ai quelques indices: celui-là, comme celui de l'an dernier, tolère assez bien la présence humaine puisqu'il vit sur le lac voisin et se nourrit dans le nôtre. Ces lacs sont plus petits que ce qu'on décrit généralement dans les publications scientifiques comme milieu de prédilection du huard. Ils sont aussi moins profonds et il y a plus de présence humaine que ce à quoi on s'attendrait – encore que, dans la baie dans laquelle je soupçonne qu'il a fait son nid, il doit être tranquille, le huard, car il n'y a ni route ni habitation.

Quelques jours après ces premiers cris nocturnes, je l'ai vu un matin, au centre de notre lac. Il pêchait, plongeant régulièrement, réapparaissant quelques instants à la surface, en position demi-submergée, son long bec à l'horizontale. Quelques jours plus tard, nouvelle surprise, très attendue celle-là. Ils étaient deux, un mâle et une femelle, un nouveau couple ou celui de l'an dernier. Et là, on les voyait très bien pêcher, patrouillant le centre du lac. Attentifs, en position semi-émergée, puis basculant tout à coup, le croupion dans les airs un instant, et hop! Puis réapparaissant au bout de 30 à 40 secondes, satisfaits de leur plongée.

151

J'imagine leurs mouvements rapides sous l'eau, la surprise des poissons capturés au passage dans ces becs coupants. *Gavia immer*, dit-on, fait partie des gaviidés, un groupe d'oiseaux qui seraient apparus à l'Éocène – ce point restant disputé, ni les fossiles ni l'analyse phylogénétique ne permettant de trancher la question – mais dont il n'y aurait plus aujourd'hui que cinq espèces. Soit, en plus de ce plongeon dit commun, les plongeons catmarin, arctique, du Pacifique et à bec blanc. Le huard commun est l'espèce la plus répandue et la plus méridionale. Au Québec seulement, sa population totale serait d'environ 50 000 individus; l'espèce n'est pas considérée comme menacée. Par ailleurs, elle est en principe protégée, sa chasse étant interdite. Mais bien entendu, son habitat est de plus en plus restreint...

La sagesse populaire dit bien les choses: «S'il y a un huard sur un lac, cela signifie que l'eau est claire et de bonne qualité», entend-on dire au Québec. C'est vrai et cela se comprend de deux manières. D'abord, le huard, chasseur visuel, a besoin d'évoluer dans une eau très claire pour détecter ses proies. Mais ensuite, cet oiseau piscivore est assez vorace: il peut consommer jusqu'à 250 kg de poisson en un été. Si bien qu'il ne pêche que dans des lacs très riches en poissons. C'est le cas de notre lac, et je crois bien que c'est en grande partie parce que les villégiateurs modernes qui le fréquentent ne sont plus des pêcheurs invétérés comme leurs prédécesseurs. Les traditions se perdent! Qu'importe si c'est pour nous donner l'occasion d'une rencontre privilégiée avec un oiseau magnifique, qui est pour nous un compagnon venu du fond des temps.

Car il n'y a pas de doute que les premiers hommes à avoir foulé cette terre, il y a peut-être 10 000 ans, lorsque les glaces se sont retirées, ont entendu le cri du huard avec la même émotion que celle que nous éprouvons aujourd'hui.

Le signe du huard, c'est celui de notre relation intime avec tous les êtres vivants, dans ce cas un oiseau dont l'ancêtre est apparu il y a au moins 45 millions d'années. C'est le signe d'une profonde unité du vivant, le huard prenant sa place dans un ensemble d'espèces qui se côtoient depuis des millions d'années. Des espèces toutes cousines, qui évoluent dans un milieu toujours changeant, unies par le même fil éternel de l'ADN. Pour nous enfin, humains du monde moderne, c'est le signe d'un équilibre écologique à préserver. Car s'il y a des huards autour d'un lac, cela signifie qu'ils arrivent à se reproduire, en harmonie avec la présence humaine. Si la science moderne nous permet de comprendre cela, peut-être nous aidera-t-elle à mieux protéger ces richesses ?

Annexe

Le calendrier de la vie

Il est inséparable du calendrier géologique de la Terre.

L'histoire géologique documentée dans les roches commence il y a quelque quatre milliards d'années avec la période archéenne. Vers trois milliards et demi d'années apparaissent les premières formes de vie, des archéobactéries. Pendant la partie la plus importante du précambrien nommée prétérozoïque, entre –2,5 milliards d'années et –545 millions, le développement de la vie demeure très lent.

L'ère primaire ou paléozoïque débute à –545 millions d'années par l'explosion de vie du Cambrien.

À environ –250 millions d'années, débute le mésozoïque ou ère secondaire (périodes du Trias, du Jurassique et du Crétacé), marquée notamment par les dinosaures et les premiers mammifères.

Le cénozoïque ou ère tertiaire (cinq périodes dont les noms finissent en «cène») débute il y a 65 millions d'années : les mammifères et notamment les primates se diversifient, les hominidés apparaissent à la fin.

L'ère quaternaire (d'abord, le Pléistocène, puis l'Holocène) commence il y a 1,8 million d'années et est notamment marquée par des cycles de glaciation et de déglaciation.

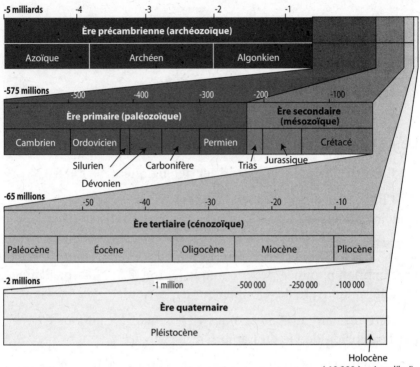

Tiré de : *Du Big Bang au Village planétaire*, Jacques Robert et Pierre Matton, Éditions MultiMondes, 2004, p. 19.

Bibliographie

Note de l'auteur : *Ce qui suit est une bibliographie assez générale sur le darwinisme, agrémentée de «coups de cœur» personnels (Boucher, Breiter, Fabre, Leopold, Morency...). Elle n'inclut pas les nombreux articles scientifiques sur lesquels ce livre s'appuie, mais le lecteur intéressé pourra toujours retrouver ceux-ci par les indications laissées dans les chapitres (auteur principal, année de publication, affiliation universitaire et/ou nom de la publication).*

Arnould, Jacques, Gouyon, Pierre-Henri et Henry, Jean-Pierre, *Les Avatars du gène. La théorie néodarwinienne de l'évolution*, Belin, Paris, 1997.

Barbault, Robert, *Un éléphant dans un jeu de quilles. L'homme dans la biodiversité.* Le Seuil, Paris, 2006.

Barrette, Cyrille, *Le miroir du monde, évolution par sélection naturelle et mystère de la nature humaine*, Éditions MultiMondes, Québec, 2000.

Boucher, Pierre, *Histoire véritable et naturelle des mœurs et des productions du pays de la Nouvelle-France, vulgairement dite le Canada*, Paris, 1664, réédité en 1964 par la Société historique de Boucherville, P.Q.

Breiter, Matthias, *Bears: A Year in the Life*, Firefly Books, Toronto et New York, 2005.

Carroll, Sean B., *Endless Forms Most Beautiful, the New Science of Evo-Devo*, W.W. Norton, New-York, 2005.

Chaline, Jean, *Les horloges du vivant. Un nouveau stade de la théorie de l'évolution?* Hachette Littératures, Paris, 1999.

Combes, Claude, *Les associations du vivant, L'art d'être parasite*, Flammarion, Paris, 2001.

Darwin, Charles, *L'origine des espèces*, GF-Flammarion, Paris, 1992 (traduction de l'édition originale *The Origin of Species*, John Murray, London, 1859).

Darwin, Charles, *The Descent of Man and Selection in Relation to Sex* (cette fois, en édition originale, John Murray, London, 1871).

Darwin, Francis, *Charles Darwin's Autobiography, with His Notes and Letters Depicting the Growth of The Origin of Species*, H. Schuman, New York, 1950.

Dawkins, Richard, *L'Horloger aveugle*, Robert Laffont, Paris, 1989.

—, *Le Gène égoïste*, Odile Jacob, Paris, 1966.

—, *Qu'est-ce que l'évolution? Le fleuve de la vie*, Hachette Littératures, Paris, 1997.

Eldredge, Niles, *Darwin: Discovering the Tree of Life*, WW Norton and Cie, New York–London, 2005.

Gehring, Walter J., *La drosophile aux yeux rouges. Gènes et développement*, Odile Jacob, Paris, 1999.

Gould, Stephen Jay (une sélection personnelle parmi ses essais),

—, *Le Pouce du panda*, Grasset, Paris, 1982.

—, *La vie est belle: les surprises de l'évolution*, Le Seuil, Paris, 1991.

—, *Comme les huit doigts de la main*, Le Seuil, Paris, 1996.

—, *L'éventail du vivant*, Le Seuil, Paris, 1997.

—, *Les coquillages de Léonard*, Le Seuil, Paris, 2001.

—, *Les pierres truquées de Marrakech*, Le Seuil, Paris, 2002.

Fabre, Jean-Henri, *Souvenirs entomologiques, Études sur l'instinct et les mœurs des insectes,* vol. 1 et 2, Robert Laffont, Coll. Bouquins, Paris, 2004.

Jacob, François, *Le Jeu des possibles. Essai sur la diversité du vivant*, Fayard, Paris, 1977.

—, *La souris, la mouche et l'homme*, Odile Jacob, Paris, 1997.

Lambert, Daniel et Rezsohazy, René, *Comment les pattes viennent au serpent. Essai sur l'étonnante plasticité du vivant,* Flammarion, Paris. 2004.

Lamy, Michel, *La diversité du vivant*, Le Pommier, Paris, 2000.

Lecointre, Guillaume et Le Guyader, Hervé, *Classification phylogénétique du Vivant*, Belin, Paris, 2001.

Le Guyader, Hervé (dir.), *L'évolution*, Belin-Pour la Science, Paris, 1998.

Leopold, Aldo, *A Sand County Almanac, with Essays on Conservation from Round River*, Ballantine Books, New York, 1970.

Marie-Victorin, fr., *Flore laurentienne*, Presses de l'Université de Montréal, seconde édition, Montréal, 1964.

Mayr, Ernst, *Après Darwin*, Dunod, collection Quai des Sciences, Paris, 2006.

Morency, Pierre, *L'œil américain, Histoires naturelles du Nouveau Monde*, Boréal/Le Seuil, Montréal et Paris, 1989.

—, *Lumière des oiseaux, Histoires naturelles du Nouveau Monde*, Boréal/Le Seuil, Montréal et Paris, 1992.

Palumbi, Stephen, *The Evolution Explosion, How Humans Cause Rapid Evolution Change*, W.W. Norton and Company, paperback ed., New York, 2002.

Reeves, Hubert, *Malicorne, réflexions d'un observateur de la nature*, Le Seuil, Paris, 1990.

Ridley, Matt, *L'Évolution*, Belin, Paris, 1989.

Suzuki, David et Wayne Grady, *Tree, a Life Story*, Greystone Books, Vancouver, 2004 (traduit en français aux Éditions Boréal, Montréal, 2005).

Tassy, Pascal, *Le Paléontologue et l'évolution*, Le Pommier, Paris, 2000.

Zimmer, Carl, *Evolution. The Triumph of an Idea*, Harper Collins, New York, 2001.

—, *At the Water's Edge, Fish with Fingers, Whales with Legs and How Life Came Ashore But then Went Back to Sea*, Touchtone Books, New York, 1999.

Glossaire

Acanthostega

Un tétrapode qui vivait il y a 363 millions d'années, peut-être le premier de tous les tétrapodes; découvert au Groenland en 1987.

ADN

Initiales pour acide désoxyribonucléique: molécule servant de support à l'hérédité, constituée de l'enchaînement linéaire de nucléotides. Sa structure consiste en deux brins enroulés en double hélice, les bases formant les barreaux de cette échelle torsadée.

Arthropodes

Embranchement (phylum) d'invertébrés au corps segmenté et aux membres formés de pièces articulées. Les insectes, les arachnides (araignées, scorpions...), les crustacés et les myriapodes sont des arthropodes.

Artiodactyles

Animaux ongulés à nombre pair de doigts au pied, comme les cochons, les vaches, les chameaux et les hippopotames (par opposition aux périssodactyles, ongulés au nombre de doigts impairs comme les chevaux et les rhinocéros).

Base

Constituant chimique élémentaire, au nombre de quatre: A, T, C, G pour adénine, thymine, cytosine et guanine. Sur les barreaux de l'échelle de l'ADN, les bases sont toujours opposées par paires: A face à T, C face à G (dans l'ARN, l'uracile, U, se substitue à T). L'enchaînement des bases correspond à un «mot» génétique, c'est-à-dire un gène.

Basilosaurus

Ancêtre présumé des baleines avec de petites pattes, découvert en Louisiane en 1832. Il vivait il y a 37 à 40 millions d'années.

Biodiversité

La variété et la variabilité de tous les organismes vivants. Ceci inclut, selon l'Union internationale de la conservation de la nature, «la variabilité génétique à l'intérieur des espèces et de leurs populations, la variabilité des espèces et de leurs formes de vie, la diversité des complexes d'espèces associées et de leurs interactions, et celle des processus écologiques qu'ils influencent ou dont ils sont les acteurs [dite diversité écosystémique]».

Code génétique

Système de correspondance entre des triplets de bases de l'ADN et les acides aminés (unités élémentaires de la structure des protéines).

Co-évolution

Évolution concernant deux espèces ou plus, telle qu'un parasite et son hôte, au cours de laquelle les changements intervenant dans une espèce influencent l'évolution de l'autre ou des autres espèces.

Cétacés

Ordre de mammifères marins incluant les baleines (à dents et à fanons), les dauphins et les marsouins.

Clade

Unité évolutive qui comprend tous les descendants d'une espèce ancestrale. Tous ses membres partagent au moins un caractère dérivé apparu chez cet ancêtre.

Cladistique

Méthode qui fonde la hiérarchie et la parenté des êtres vivants sur la distribution des états dérivés de caractères communs.

Écosystème

Ensemble des organismes vivant dans un milieu donné, par exemple une forêt, et les éléments physiques de l'environnement (sol, climat) avec lesquels ils interagissent.

Espèce

Ensemble de tous les individus semblables partageant des caractères physiologiques et morphologiques héréditaires et qui sont capables de se reproduire entre eux.

Eusthenopteron

Grand poisson d'environ un mètre de long, découvert à Miguasha au Québec. Il vivait il y a environ 375 millions d'années.

«Évo-Dévo»

Pour *évolution* et *développement* embryologique. Nouvelle discipline scientifique au croisement de la science de l'évolution et de l'embryologie, avec une bonne dose de génétique. L'évo-dévo s'intéresse notamment à la comparaison des gènes du développement entre les espèces.

Exaptation

Un trait qui trouve une nouvelle fonction au cours de l'évolution, par exemple le pouce du panda. Terme qui a remplacé celui de pré-adaptation.

Gène

Segment d'ADN défini, contenant l'information codée qui va permettre à la cellule de fabriquer les protéines.

Gènes homéotiques/gènes Hox

Gènes qui gouvernent la construction des axes et des membres d'un animal. Les gènes Hox sont les gènes homéotiques des vertébrés.

Génome

Ensemble des instructions génétiques d'un organisme donné, portées par les gènes.

Homologie/analogie

Des structures sont homologues si elles sont construites sur le même modèle de développement embryonnaire, qu'elles remplissent ou non la même fonction. Par exemple, les membres antérieurs de la taupe, de la baleine, du cheval, de la chauve-souris et l'homme sont homologues. Par opposition, l'analogie désigne une similitude de fonction entre des structures différentes du point de vue de leur origine, par exemple l'aile d'un insecte et celle d'un oiseau.

Horloge moléculaire

Technique de datation basée sur l'hypothèse que pour un sous-ensemble donné d'un génome, et pour les protéines qui y correspondent, le nombre de mutations par millions d'années est constant.

Invertébré

Animal dépourvu de colonne vertébrale. Les invertébrés constituent la majorité du règne animal et incluent les arthropodes, les mollusques, les échinodermes, les annélidés, les spongiaires et les coelanthérés. Ils ne forment pas un clade comme les vertébrés.

Mutation

Changement dans la structure d'un gène ou d'un chromosome. Certaines mutations peuvent être provoquées (par des radiations, par exemple), mais la plupart se produisent spontanément, lors de la duplication du matériel génétique d'une génération à l'autre.

Nucléotide

Unité fondamentale de l'ADN, composée d'un sucre-phosphate lié à l'une des quatre bases, A, C, T, G.

Odontocètes

Baleines à dents. Inclut les dauphins, les marsouins, les narvals, les bélugas, les épaulards ou orques, les cachalots, les globicéphales noirs et les baleines à bec communes (toutes les autres baleines sont des mysticètes ou baleines à fanons).

Ongulés

Mammifères à sabots. Inclut les artiodactyles, les périssodactyles et les proboscidiens (éléphants).

Pakicetus

Le plus ancien et le plus primitif des ancêtres connus des baleines. Vivait il y a 49 millions d'années.

Phylogénie

Étude de la formation et de l'évolution des organismes, en vue d'établir leur parenté.

Sélection

Processus résultant d'une survie et d'une reproduction supérieure chez certains individus du fait de leur composition génétique (génotype). La sélection peut être naturelle, comme l'a montré Darwin, ou bien artificielle, exercée par l'homme lors de la domestication de certaines espèces.

Séquençage

Procédé par lequel on détermine l'ordre des acides aminés dans les protéines, ou l'ordre des nucléotides dans les portions d'ADN qui y correspondent.

«Temps profond»

Expression de l'échelle du temps géologique, popularisée par John McPhee. De l'ère primaire au quaternaire, sur près de 3,5 milliards d'années, la vie se développe, d'abord très lentement puis plus vite.

Taxonomie

Science des lois de la classification. Le classement des êtres vivants se fait en fonction de leur règne, de leur phylum (auparavant, «embranchement»), de leur classe, de leur ordre, de leur famille, de leur genre et de leur espèce.

Tétrapodes

Important groupe de vertébrés terrestres (incluant des animaux aquatiques comme les baleines) descendant tous d'un ancêtre à nageoires vivant il y a quelque 375 millions d'années.

Vertébré

Animal possédant des vertèbres. Embranchement du vivant: les poissons, les amphibiens, les oiseaux, les reptiles et les mammifères sont des vertébrés.

Remerciements

Merci d'abord aux lectrices et lecteurs de ma chronique *Planète ADN* dans le magazine *Québec Science*; ce livre doit beaucoup à leur soutien au fil des années.

J'aimerais reconnaître la contribution de Joël Leblanc, qui a effectué la recherche de trois chapitres et rédigé pour moi des textes qui ont été des points de départ stimulants. Sa formation de paléontologue lui a permis de me guider dans les arcanes des fossiles, au point où les chapitres 6 et 12, en particulier, portent fortement sa marque.

Ma gratitude va aussi à Robert Loiselle, qui enseigne la science de l'évolution à l'Université du Québec à Chicoutimi. J'ai beaucoup apprécié sa lecture attentive du manuscrit et ses remarques généreuses et constructives. Merci aussi au grand spécialiste de l'évolution qu'est Cyrille Barrette, de l'Université Laval, qui a accepté de relire le manuscrit et m'a fait de précieuses suggestions. Pour sa part, Pierre Béland, spécialiste des mammifères marins, a accepté de jeter un œil bienveillant sur le chapitre 4. Merci aussi à mes collègues Claude D'Astous, Hélène Courchesne et Michel Rochon de leurs conseils à la suite de la lecture d'une version antérieure du manuscrit. Cela dit, toute erreur ou imprécision du livre reste évidemment ma responsabilité.

Enfin, pour la rédaction de cet ouvrage, j'ai bénéficié d'une bourse du Centre national du livre français, que je remercie de son soutien à mon projet.

Un mot de l'auteur

Le plus souvent, l'émerveillement vient en premier. On tombe en arrêt devant un phénomène naturel qui surprend ou qui séduit.

Puis, on regarde mieux, on observe, on compare avec ce qu'on connaît. Plus tard, si on a le temps ou l'envie, on lira un peu, on grimpera sur les épaules des géants qui nous ont précédés. Et on plongera dans les arcanes de la science. Mais la connaissance scientifique, même profonde, ne peut que nous ramener à l'essentiel : l'émerveillement.

Marquis imprimeur inc.

Québec, Canada

2007